PARE
DE SE
SABOTAR
NO TRABALHO

Dr. MARK GOULSTON

PARE
DE SE
SABOTAR
NO TRABALHO

Tradução
Silvia Schiros

BestSeller

CIP-BRASIL. CATALOGAÇÃO-NA-FONTE
SINDICATO NACIONAL DOS EDITORES DE LIVROS, RJ.

G73p Goulston, Mark
Pare de se sabotar no trabalho / Mark Goulston; tradução de Silvia Schiros. — Rio de Janeiro: Best*Seller*, 2008.

Tradução de: Get out of your own way at work
ISBN 978-85-7684-129-6

1. Trabalho — Aspectos psicológicos. 2. Comportamento autoderrotista. 3. Autogerenciamento (Psicologia). 4. Sucesso — Aspectos psicológicos. 5. Comportamento organizacional. I. Título.

08-3400

CDD: 158.1
CDU: 159.947

Título original norte-americano
GET OUT OF YOUR OWN WAY AT WORK
Copyright ©2005 by Mark Goulston, M.D.
Copyright da tradução © 2007 by Editora Best Seller Ltda.

Capa: Sense Design
Editoração eletrônica: DFL

Todos os direitos reservados. Proibida a reprodução, no todo ou em parte, sem autorização prévia por escrito da editora, sejam quais forem os meios empregados.

Direitos exclusivos de publicação em língua portuguesa para o Brasil adquiridos pela
EDITORA BEST SELLER LTDA.
Rua Argentina, 171, parte — São Cristóvão
Rio de Janeiro, RJ — 20921-380
que se reserva a propriedade literária desta tradução

Impresso no Brasil

ISBN 978-85-7684-129-6

PEDIDOS PELO REEMBOLSO POSTAL
Caixa Postal 23.052
Rio de Janeiro, RJ – 20922-970

*Dedico este livro à memória de
Albert A. Dorskind e Ken Florence,
meus mentores e amigos,
a quem tenho muito a agradecer.*

Agradecimentos

Qualquer livro, seja de não-ficção ou ficção, surge de um esforço de colaboração. Às vezes os colaboradores são explícitos, são pessoas que o ajudam, concretamente, ao longo do processo de escrever um livro. Outras vezes são implícitos, ou seja, são aqueles que o influenciaram e inspiraram a escrever o livro.

No meu caso, a lista de colaboradores explícitos e implícitos é enorme. Moro perto de Hollywood, onde costumam pedir que as pessoas sejam breves em seus agradecimentos, nas cerimônias do Oscar e do Emmy. Ainda assim, sinto-me obrigado a agradecer a todas essas pessoas, sem as quais este livro não teria sido escrito.

No topo da lista está meu caríssimo mentor, Albert Dorskind, falecido recentemente, que me brindou com seu bom senso e suas orientações ao longo dos últimos vinte anos, permitindo que eu passasse o menor tempo possível *me sabotando*. Firme em suas opiniões, mas sem se achar o dono da verdade, Al falava *para mim* e *comigo*, sem nenhuma *arrogância*.

Logo em seguida vem Ken Florence, outra pessoa que já se foi e deixou um vazio em minha vida. Ken era um competentíssimo advogado trabalhista, e foi o primeiro líder de negócios a ver o quanto a minha experiência clínica tinha importância e valor para o mundo empresarial. Sempre lhe serei grato pelo estímulo, principalmente nos momentos em que eu era tomado pelas dúvidas. É como se ainda conseguisse ouvi-lo dizer:

— Mark, todos aqui se sabotam! — com sua gargalhada característica.

Quase empatado, o terceiro da minha lista, e muito vivo, é meu editor da Putnam, John Duff, que acreditou com perseverança em minha obra anterior, *Get Out of Your Own Way*, e me encorajou a escrever este livro para registrar minha jornada na prática clínica da psicoterapia para o mundo. A clareza e concisão deste volume se devem aos seus comentários diretos e inteligentes, dotados de uma grande sensibilidade. Também sou muito grato a minha amiga B., a quem nem sei como agradecer pela ajuda na preparação deste livro para publicação.

Agradeço a minha agente maravilhosa e sempre ocupada, Loretta Barrett, que nunca esteve ocupada demais para atender meus telefonemas, por seu entusiasmo e por me ajudar a manter o foco neste projeto quando eu começava a conversar com ela sobre idéias para outros livros. Ainda consigo ouvi-la dizer:

— Concentre-se, Mark! Um objetivo de cada vez. Não fique rodando sem parar.

Também tenho uma dívida com Philip Goldberg, que escreveu comigo *Get Out of Your Own Way*, desenvolvendo o formato que tanto ajudou a estruturar este livro, e o modelo que consegui adaptar, escrevendo este livro por conta própria. Também agradeço a minha ex-agente, Lynn Franklin. Ela foi fundamental no início da minha carreira. Lynn solidificou a minha relação com a Putnam e foi responsável pela publicação do meu livro em diversos países.

Meu obrigado também a John Byrne e Heath Row, que me deram a oportunidade de me dirigir ao público do mundo dos negócios através da minha coluna "Leading Edge" na revista *Fast Company*; a Deborah Davidson, editora-chefe da National Association of Corporate Directors, que permitiu que eu chegasse aos líderes de negócios norte-americanos por intermédio da coluna "Directions"; a Larry Gerber e Gail Polevoi, que fizeram o mesmo na revista *Emmy*; ao Professionals Network Group por me conceder o equivalente a um MBA sem precisar cursar a faculdade; a Martin Pichinson, Michael Maidy e Harry Glazer da Sherwood Partners por terem oferecido uma plataforma para meus diversos serviços; e a Wendy Johnson, fundadora da Worldwide Association of Business Coaches, por ter criado um lugar onde podemos trabalhar com líderes de negócios.

Ao longo deste projeto, tive a maravilhosa oportunidade de conversar com diversas mentes iluminadas do mundo dos negócios, algumas das quais foram citadas no livro. Entretanto, *todas* essas pessoas tiveram alguma influência na definição dos conceitos, insights e dicas de como agir. Entre elas, estão: Marjorie Abrams, Madelyn Alfano, Walter Anderson, Dana Ardi, Rosanne Badowski, Barbara Ballinger, Stan Barkey, Tony Baxter, Warren Bennis, Jeffrey Berg, Jordan Bender, Gordon Binder, Charlene Bleakley, David Booth, Paddy Calistro, Lee Canter, George Coelho, Christopher Coffey, Dick Dadamo, Marie Deary, Kathy Doheny, Walter Dunn, Bob Eckert, Anne Fisher, Don Franco, Miriam Friedman, o falecido Peter Frost, Bronwyn Fryer, Dave Fuller, Larry Gerber, Gene Goda, Marshall Goldsmith, Sidney Harman, Michael Heisley, Patrick Henry, Dave e Marhnelle Hibbard, Rory Hume, Carol Hymowitz, Ron Inge, Brian Katz, Jim Kennedy, Jeffrey Kichaven, Leonard Kleinrock, Mark Lefko, Patrick Lencioni, Mike Leven, Chris Lewis, Chris Mallburg, Jim Mazzo, Thomas McLain, Stacy Robin Meranus, Steve Mindell, Jonathan Murray, Debra Myerson, Barbara Oberman, Billy Pittard, Christopher Platt, Rick Rhoads, Mark Risley, Terri Robinson, Judy Rosener, Lee Ryan, Steven Sample, Jonathan Seybold, Deborah Shames, Bob Sinnott, Rosa Sinnott, Kevin Sharer, Edwin Shneidman, Tom Stewart, Linda Stone, Larry Thomas, A. Raymond Tye, John Tyson, Linda Valentine, Kate White, Bruce Wright e Richard Saul Wurman.

Um homem sem família é um homem sem lar. Eu sou abençoado por ter recebido o apoio de minha esposa, Lisa, e de meus filhos, Lauren, Emily e Billy, que senti ao longo de toda a jornada, embora disfarçado por trás de algumas provocações, como é comum em muitas famílias que se amam. Além deles, o apoio de meus irmãos e suas esposas, Noel e Mary, e Robert e Angela, foi muito importante. E, claro, minha mãe, Ruth Goulston, ainda firme e forte com uma idade que não mencionarei aqui, e que continua sendo um modelo de perseverança para mim. E, claro, em memória a meu pai *e* papai, Irving Goulston, que já se foi há mais de dez anos. Parece que foi ontem.

Por fim, preciso dizer que não creio que este livro teria sido escrito sem as contribuições e a confiança contínuas dos meus pacientes clínicos, dos meus pacientes da área de consultoria e dos leitores dos meus livros, artigos e colunas.

Obrigado a todos.

Sumário

Introdução: Potencial é algo que não deve ser desperdiçado   13
    POR QUE NOS SABOTAMOS   17
    SUCESSO: DOIS PASSOS PARA A FRENTE, UM PARA TRÁS   19
    AUTO-SABOTAGEM: AÇÃO E REAÇÃO   21
    COMO USAR ESTE LIVRO   22

1. Procrastinar   25
2. Ficar na defensiva   31
3. Insistir em um emprego do qual deveríamos pedir demissão   35
4. Morder a isca   41
5. Não delegar   47
6. Ser arrogante   53
7. Ser competente, mas não saber lidar com os outros   59
8. Ser mau ouvinte   65
9. Não ter autodisciplina   71
10. Perder tempo à toa   77
11. Considerar-se indispensável   83
12. Agradar as pessoas   87
13. Sentir-se culpado   93
14. Não saber aceitar não como resposta   97
15. Não saber perdoar   103

16. Entrar em pânico	109
17. Desistir facilmente	115
18. Usar jargão	119
19. Preocupar-se com a opinião alheia	125
20. Ter medo de aprender coisas novas	131
21. Ser sincero demais	137
22. Não aceitar outras opiniões	143
23. Estar despreparado	149
24. Ter medo de demitir os outros	155
25. Esperar ser valorizado pelo chefe	159
26. Ter medo de fazer ou receber avaliações de desempenho	165
27. Confundir um desabafo com críticas duras	171
28. Temer confrontos	175
29. Inventar desculpas	183
30. Concentrar-se nos pontos fracos	189
31. Ser impulsivo	193
32. Frustrar-se	197
33. Ter a sensibilidade à flor da pele	201
34. Não aprender com os próprios erros	205
35. Não conseguir a adesão da equipe	209
36. Burlar as regras	213
37. Rotular as pessoas	219
38. Ter expectativas baixas demais	225
39. Pressupor que os outros o entendam	231
40. Temer fracassos	237
Epílogo: Sucesso na vida e no trabalho	241
Anexo 1. Como surge a conduta de auto-sabotagem	246
Anexo 2. Como se desenvolve a conduta de auto-sabotagem	247
Anexo 3. Doze dicas para não se sabotar no trabalho	248
Anexo 4. Formulário de compromissos entre você e terceiros	250

Introdução

Potencial é algo que não deve ser desperdiçado

> Todos que estão aqui têm condições de fazer qualquer coisa que eu faça e muito mais. Alguns de vocês levarão essa capacidade a cabo, outros não. Se não levarem, será porque se sabotam, não porque o mundo os impedirá.
>
> —Warren Buffett (em palestra proferida na University of Washington)

VOCÊ OU SEUS FUNCIONÁRIOS e colegas têm talento, formação e habilidades para fazerem muito mais do que estão fazendo. Então o que o impede? Se isso ocorre com as pessoas com quem você trabalha, o que as impede?

Após o lançamento do meu primeiro livro, *Get Out of Your Own Way*, recebi centenas de cartas de pessoas que se diziam infelizes porque se auto-sabotavam não só no âmbito pessoal, mas também profissional. Muitos desses leitores haviam perdido oportunidades de ganhar aumentos, ser promovidos e progredir. Meu consultório de repente encheu-se de homens e mulheres que, por vários motivos dos quais eles mesmos eram culpados, haviam posto em risco suas reputações, seus empregos e suas carreiras.

John era um desses pacientes. Ele tinha 55 anos e seus cabelos haviam se tornado grisalhos antes do tempo; estava claro que ele estava sofrendo. Rugas de preocupação haviam deixado marcas profundas em sua testa, e sua postura era curvada, demonstrando desânimo. Na semana anterior, John, que era contador, havia sido demitido por se recusar a adaptar-se a mudanças inevitáveis. O desafio havia sido aprender a usar uma nova plataforma de software, bastante complexa, na qual a empresa havia apostado o seu futuro. Ressentido com a exigência de ter que "adaptar-se ou morrer", John ignorou as pistas, as sugestões, os avisos e o ultimato. Em vez disso, liderou uma rebelião, tentando convencer os colegas do seu departamento que para a empresa seria melhor ficar com o sistema antigo. Então ele foi demitido, após ter dedicado 15 anos de sua vida à empresa.

Tomado pelas dúvidas e pelo desânimo, John também estava com medo. Ele temia pelo bem-estar de sua família. Acima de tudo, estava furioso. Por não enfrentar o medo infundado de que não seria capaz de aprender a usar um novo programa, John perdeu o emprego. Em vez de se abrir, ele se fechou. Sua carreira na empresa deveria ser longa e brilhante, com direito a um relógio de ouro, uma festa de despedida por ocasião de sua aposentadoria e um generoso fundo de pensão à sua espera. Mas ele perdeu tudo isso porque tropeçou nas próprias pernas. John se sabotou de tal forma que acabou sendo abatido pela própria conduta. Era um homem solitário e amedrontado.

Bem, eu não sou nenhum Jack Welch. Tampouco sou um repórter investigativo. Sou um médico, uma pessoa que cura, que ouve, ajuda e trabalha com pessoas que sabotam a si mesmas ou com os chefes que precisam gerenciá-las. Meu trabalho é ajudar meus clientes a reconhecer e superar seus obstáculos para progredirem e serem mais bem-sucedidos — ou ajudá-los a fazer com que os outros façam o mesmo — porque acredito que talento é algo que não deve ser desperdiçado.

Talvez você ache que só precisa de um pequeno impulso para atingir o ápice. Porém, é mais provável que se sinta como John: sozinho e amedrontado. Talvez você tenha chegado a um beco sem saída no seu trabalho, ou talvez tão perto desse ponto que decidiu recorrer a este livro. Talvez você acorde de madrugada preocupado com a última reunião com o chefe ou tentando entender aquela conversa com um colega ou subordinado.

Ou talvez esteja pensando nos funcionários que desperdiçam seu potencial deixando escapar a oportunidade de ter uma carreira brilhante a cada dia que passa.

A grande procura por parte de profissionais após a leitura de *Get Out of Your Own Way* fez com que eu expandisse a minha área de atuação, passando a prestar consultoria no mundo dos negócios. Há alguns anos venho trabalhando com empresas que vão desde negócios familiares a gigantes que figuram entre as cem maiores empresas escolhidas pela revista *Fortune*. Já trabalhei cem CEOs dogmáticos, vice-presidentes impulsivos, vendedores insistentes, representantes de atendimento ao cliente deprimidos e centenas de outros tipos de profissionais. Todas essas pessoas tinham alguma motivação oculta ou alimentavam um temor profundo e duradouro que as impedia de agir ou as levava a agir de maneiras inadequadas. Todas mereciam ser mais bem-sucedidas. E este é o ponto mais importante: na maioria dos casos e apesar dos problemas óbvios, *as empresas para as quais trabalhavam acreditavam nessas pessoas e estavam dispostas a lhes dar ao menos mais uma chance.* Por isso eu havia sido contratado para ajudar.

Passei muitas e muitas horas conversando com pessoas à beira de um suicídio profissional. Em geral elas não têm a menor idéia do que está "acontecendo". Possuem no máximo uma vaga idéia de que ao menos parte da responsabilidade pela catástrofe ocorrida — ou prestes a acontecer — é delas. Elas procuram culpados para esconder o medo.

Procure imaginar:

➢ o executivo de vendas que mede seu valor de acordo com a comissão, e fica indignado porque seu chefe está sempre definindo metas mais difíceis de atingir, o que faz com que o executivo desconte sua frustração na família ou em sua saúde;
➢ o gerente de operações que se gaba de suas conquistas em uma reunião da empresa enquanto sua equipe, que trabalha duro, observa e se enfurece;

- o analista financeiro que estudou em instituições de renome e se ressente por ter de corrigir o trabalho mal feito por seus colegas "incompetentes";
- o CEO que sente um prazer secreto em bater na mesa com sua mão suada e ver o sangue se esvair dos rostos de seus subordinados;
- o especialista em marketing que acha que não há problema em incluir itens a mais no relatório de despesas;
- a assistente administrativa que chega atrasada quatro dias seguidos e não entende por que as pessoas não estão sendo prestativas com ela;
- a colega que faz perguntas indiscretas sobre o "décimo andar" — e o gerente do décimo andar que faz perguntas sobre ela;
- a mulher que fica tão furiosa com o comentário inadequado de seu chefe que perde um prazo importante.

Se você acha que todo esse enredo e paranóia mais parecem uma história em quadrinhos do Dilbert, acertou — afinal, as histórias do Dilbert são inspiradas na vida real. Como o mundo dos negócios funciona de maneira terrivelmente anormal sob muitos aspectos, é fácil pôr a culpa nele.

Há casos de impersonalidade na tecnologia, na hierarquia, na política, no patriarcado, no raciocínio de curto prazo, na hipocrisia, na ausência ou falsidade de comunicação, e assim por diante. Isso não quer dizer que o sistema empresarial não precise ser bastante aperfeiçoado ou que existam empresas demais que não enxergam as necessidades até mesmo do mais antigo de seus funcionários. Mas eu diria que, apesar da epidemia de traições que assolou a Enron e outros, a visão da maioria das empresas (e seus líderes) não foi ofuscada pela mentalidade do sistema empresarial. Os livros e revistas de administração estão repletos de receitas úteis para você que precisa navegar sozinho pelo sistema.

O contrato social diário entre funcionário e empresa é mais ou menos assim: *eu ofereço meu tempo, minha energia, minha capacidade intelectual e o meu suor. Em troca, recebo um salário e (se tiver sorte) um plano de saúde e outros benefícios.* Parece simples. O que não está explícito nessa equação — e vem à tona durante o processo de avaliação do desempenho — é que *você é o seu trabalho.* Assim, você espera que seu trabalho lhe traga aprovação, reconhecimento, sucesso financeiro e social, bem como felicidade.

Não, *nunca* se espera receber apenas um contracheque. O que buscamos a auto-estima. E uma empresa não pode lhe dar isso. A responsabilidade de construir a auto-estima e, conseqüentemente, ser bem-sucedido, é sua.

Por que nos sabotamos

A definição de auto-sabotagem é muito óbvia. Uma leitura rápida do sumário deste livro pode esclarecer tudo imediatamente. Entretanto, sem saber do que se trata de fato, poucos duvidariam que as condutas identificadas nestas páginas levam à autodestruição.

A verdade é que a maioria das pessoas, independentemente do que diga, vê o local de trabalho como uma família. É uma equação subconsciente: o chefe é um dos pais ou o colega é um irmão. A maioria dos psicólogos sabe que questões mal resolvidas dentro da família biológica acabam sendo levadas para o local de trabalho.

Mas eu iria mais longe. O local de trabalho, na verdade, é o pátio de uma escola. Talvez o uniforme de ginástica tenha sido substituído por terno e gravata (embora uniformes de ginástica sejam a roupa que os funcionários usam para trabalhar em algumas empresas), mas é impressionante ver como as rivalidades, picuinhas, fofocas, panelinhas, condutas e comportamentos que observamos nos pátios das escolas são levados para a vida profissional adulta.

Eu acho que um dos motivos pelos quais as idéias expressas aqui mexem tanto com os profissionais é porque eles têm vergonha dessa auto-sabotagem. Uma coisa é sabotar um relacionamento com um amigo ou amante. Outra é liquidar-se publicamente no trabalho, que serve como uma lente de aumento para questões pessoais. Se você fizer uma burrada em casa, apenas a sua família irá reparar. Se você fizer uma besteira no trabalho, a fofoca logo se espalhará por todo o departamento ou, na pior das hipóteses, entre todos os leitores do *The Wall Street Journal*.

A pergunta é: qual a origem dessa auto-sabotagem? Desde a publicação de *Get Out of Your Own Way*, fui descobrindo cada vez mais semelhanças entre meu trabalho como médico e cientista e o mundo dos negócios.

Eu voltei a me entusiasmar com a ciência da embriologia humana. O desenvolvimento do feto humano segue o caminho da evolução da árvore filogenética do reino animal: o feto humano, no início, parece uma esponja, uma larva ou um peixe. Nos últimos anos, venho estudando com fascínio a embriologia do cérebro humano. Ele se desenvolve a partir de uma pequena quantidade de células neurais, transforma-se em um tubo neural, até formar os ventrículos e o córtex cerebral. O que começa como células nervosas que reagem por meio de simples reflexos acaba se transformando em "funções executivas" altamente evoluídas (e com nomes maravilhosos) que fazem tudo aquilo de que precisamos para trabalhar, como comandar a maneira como tomamos decisões, nos comunicamos com os outros e encontramos soluções criativas para os problemas.

Acontece que a auto-sabotagem é uma conduta que está mais próxima da nossa natureza reflexiva do estágio nervoso inicial, irracional e animal do que da nossa natureza humana e racional. Dentro de uma empresa, indivíduos para quem a auto-sabotagem é um hábito, em geral, apresentam uma das duas reações típicas dos animais apresentadas a seguir, que eu comparo às reações de cães nervosos em uma exposição, dentro da pista.

Há o cão que rosna quando tem medo ("agressão por temor"). Há também o que se encolhe e recua ("fuga por temor"). Ambos são comportamentos instintivos que, a menos que sejam exterminados pelo adestramento, desclassificam automaticamente da exposição até o mais puro dos cães de raça. E ambos são lados da mesma moeda do medo.

Os animais não são os únicos seres vivos que manifestam o medo de maneiras que levam à derrota. Quando se trata do animal humano, condutas explícitas e ocultas de fuga e agressão no trabalho são perigosas. Elas sabotam a pessoa que as adota. Paga-se por isso com o sucesso e a felicidade, e ainda perde-se a chance de ganhar o prêmio máximo da exposição.

A maioria das pessoas que reage ao medo por meio da auto-sabotagem está em negação. Essas pessoas não têm a menor noção do quanto suas reações animais prejudicam seu presente e seu futuro. Em vez de analisarem de maneira objetiva onde talvez elas mesmas tenham errado para chegarem a tal ponto, as pessoas que se auto-sabotam querem crer que a empresa sofre de um tipo de cegueira institucional, e culpam o departamento de RH ou o CEO por todos os problemas.

Entretanto, se observarmos com atenção, veremos claramente que aqueles que acusam a empresa de não enxergar o que está acontecendo na verdade estão tentando desviar a atenção de suas condutas, mesmo que eles não se dêem conta disso.

O *motivo* que está por trás da auto-sabotagem não é tão óbvio. Muitos dos capítulos que seguem mostram como esses comportamentos têm suas origens na infância. Na verdade, a sua personalidade é um depósito de hábitos, bons e maus, aprendidos na infância.

Nos seminários e workshops sobre o tema abordado nos livros, uso dois gráficos para explicar como e por que a conduta de auto-sabotagem se desenvolve (ver anexos 1 e 2). Segue a análise desses gráficos:

Sucesso: dois passos para a frente, um para trás

Do primeiro ao último suspiro, você caminha rumo ao desconhecido. Quando, ainda bebê, você dá o primeiro passo, é apavorante e, ao mesmo tempo, emocionante. O verdadeiro desafio para a sua personalidade em desenvolvimento ocorre quando você dá o primeiro passo e cai. Para ser bem-sucedido na vida, você deve dar sempre dois passos para a frente e um para trás, em vez de um (ou nenhum) passo para a frente e dois para trás.

Imagine um bebê dando seu primeiro passo. Ele engatinha, levanta-se apoiando em uma cadeira ou nas pernas dos pais e aventurase no mundo do *Homo erectus*. Ele se afasta daquilo que está lhe servindo de apoio, equilibra-se com dificuldade, olha para trás — para os pais (na psicologia do desenvolvimento, este estágio é chamado de *rapprochement*, que significa "reunião" ou "reconciliação"). Sente-se seguro e segue em frente.

Cedo ou tarde, ele vai cair e chorar. Num instante, ele é o superbebê; no outro, uma pequena criatura impotente. Da mesma forma que sentiu-se poderoso num dado momento, sentiu-se frágil no outro. Olhou para trás, para os pais, para ser confortado e ouvir que aquilo havia sido apenas um escorregão; não quer dizer que tenha passado despercebido nem que ele não possa se levantar e tentar novamente. Com o estímulo de seus pais, ele *se levanta* e tenta outra vez. Isso ocorre várias vezes até que, um dia, ele consegue andar sozinho.

Quando uma criança internaliza essa nova habilidade, uma pequena porção de autoconfiança se desenvolve e passa a fazer parte da sua personalidade em desenvolvimento. Conforme sua personalidade se desenvolve, criando uma identidade própria e distinta, ele vai se tornando cada vez mais um indivíduo confiante.

> Não se descobrem novas terras sem se permitir perder de vista a costa por um longo tempo.
>
> — André Gide

ESTE PROCESSO SEGUE por toda a vida. A personalidade e a identidade de uma pessoa estão em constante evolução nesta dança do aprendizado, ao ritmo de dois passos para a frente, um passo para trás — ou seja, caímos, paramos, retomamos o fôlego, renovamos nossos recursos e tentamos outra vez. Ao longo do caminho, erramos e aprendemos com nossos erros; o tempo nos permite desenvolver perseverança, persistência e eficácia.

O progresso dá uma sensação de vitalidade, eficácia e poder, e buscamos oportunidades para testar nossos brios no mundo. O mundo é uma oportunidade gigante a ser explorada e aproveitada.

Auto-sabotagem: ação e reação

Vamos falar um pouco sobre o que acontece quando você se sabota. Voltemos à época em que você era um bebê: digamos que dê o primeiro passo em direção ao desconhecido e, ao preparar-se para dar o segundo passo, caia, olhe para trás e não seja encorajado por seus pais; isso faz com que você pare ou, pior ainda, regrida. Não consegue prosseguir. Sente-se inseguro, ineficaz, sem poder. Você busca uma forma de aliviar essa sensação. Lança mão de soluções temporárias, maneiras de lidar com a situação que tragam, por um breve instante, alívio do trauma de cair da categoria de superbebê para a de bebê sem poderes; soluções que não resolvem nada e são prejudiciais a longo prazo.

O que acontece quando o superbebê é criticado (com a sensação de ter feito algo errado), ignorado (e sente-se só em sua impotência) ou mimado (ficando confuso quando não é mimado)? O superbebê reage com sentimentos de medo, culpa, vergonha, raiva e confusão. De repente — e permanentemente — ele perde a capacidade de se recuperar com rapidez. Ele não tem a autoconfiança necessária para levantar-se e tentar outra vez sozinho. E em vez de buscar a eficiência, ele busca alívio. Ao reagir a um aborrecimento, ele acaba recorrendo a uma forma de lidar com a situação que faz com que ele se sinta melhor naquele momento, mas que, a longo prazo, é uma conduta que só serve para prejudicá-lo.

> O que for feito com as crianças, estas farão à sociedade.
> — Karl Menninger

ESSAS CONDUTAS são uma perda de tempo e um desperdício de potencial. Em vez de ver o mundo como um lugar incrível a ser explorado, ele o vê como um lugar assustador que pode lhe passar a perna a cada passo. Ele empaca na vida e na carreira. Se repetir essas condutas muitas vezes, elas se tornarão hábitos e, em algum ponto, passarão a fazer parte de sua personalidade e não será fácil mudá-las. Por isso, não desanime se não conseguir parar e superar essa auto-sabotagem da noite para o dia. Perder a paciência com você mesmo é uma forma de auto-sabotagem.

O truque é acabar com o interminável ciclo vicioso das velhas mensagens negativas para que você encontre a sua força interior e decida vencer na vida e no trabalho. Para isso, será necessário substituir a voz autoritária, abusiva, crítica, escapista, negligente ou permissiva pela voz que lhe dá o apoio, a confiança e a orientação de que você sempre precisou.

> A natureza humana não existe, o que existe é a natureza animal e o potencial humano de não se render a ela.
>
> — Autor desconhecido

Como usar este livro

Em meu trabalho de consultoria, tive a oportunidade de lidar com profissionais de três níveis do mundo empresarial: pessoal de vendas, gerentes e altos executivos. Cada grupo tem interesses distintos no que diz respeito às origens da auto-sabotagem.

Na verdade, quando comecei a trabalhar na área de negócios, eu também me sabotei, pois não levei em consideração o histórico dos meus leitores, por isso para mim é importante dizer a vocês como este livro pode ser usado.

Se o enfoque for na base da pirâmide hierárquica — digamos que você seja um vendedor —, talvez não haja tanto interesse na maneira como minha abordagem funciona ou no motivo pelo qual ela funciona, pois a usará apenas para atingir melhores resultados. Talvez você só tenha interesse em identificar as suas condutas de auto-sabotagem, pois se deu conta do quanto seria benéfico deixá-las para trás e do custo de continuar agindo assim. Talvez queira ir direto ao ponto. Pode ser que você só precise ou queira ler os títulos dos capítulos e as dicas de como agir.

Se você for gerente, é provável que os resultados também o interessem; entretanto, além disso, é possível que tenha interesse em se inteirar das estratégias para mobilizar e gerenciar sua equipe de maneira mais eficaz. Para você, saber o que está por trás da abordagem deste livro pode ser interessante, embora talvez não esteja interessado em saber por que ela funciona. Você certamente verá utilidade nas reflexões apresentadas nos próximos capítulos, e verá, assim como outros gerentes, que complementam de maneira concisa e expressiva as dicas de como agir. As histórias também o ajudarão a reforçar o aprendizado, pois talvez se reconheça nelas ou reconheça as pessoas que trabalham para você.

Se você for um alto executivo, eu diria que preferirá se aprofundar no assunto e descobrir por que você, a sua família e as pessoas que trabalham com você e para você se sabotam. Para um alto gerente, a compreensão é um componente necessário para a liderança, pois ele pode trabalhar melhor quando sabe não só o que dá certo, mas também como e por que dá certo.

Se você for gerente e os conselhos deste livro forem importantes para a sua equipe, ele será um veículo útil para que possa conversar com as pessoas sobre a auto-sabotagem. Para mim, uma abordagem criativa e eficaz é uma parceria entre um gerente e um subordinado, de modo que um seja responsável perante o outro no sentido de acabar com a auto-sabotagem. Por exemplo, pode-se definir que o gerente deverá se concentrar na sua falta de tato, enquanto que o subordinado deverá se esforçar para deixar para trás sua postura defensiva.

Se você ou alguém que trabalha para você vê os desafios profissionais como motivos de estresse e, ao lidar com eles, acaba se autosabotando, está limitando suas chances de sucesso. Você dá aos seus colegas e concorrentes carta branca para o deixarem para trás. Se, por outro lado, usar este livro como ferramenta de apoio para você e seu funcionário, e para que os dois aprendam a enfrentar e superar de maneira mais eficaz os desafios encontrados, *ambos* deixarão de tropeçar nas próprias pernas e enveredarão por um caminho em direção ao sucesso com o qual nunca haviam sonhado ou que não acreditavam ser possível. (Para obter dicas mais específicas acerca do uso deste livro, consulte o anexo 3, "Doze dicas para não se sabotar no trabalho".)

Por fim, uma observação sobre a ordem dos capítulos: algumas condutas de auto-sabotagem são mais comuns do que outras, ao menos segundo o que observei entre meus pacientes no consultório. Ordenei os capítulos com base nessa informação.

Um brinde ao seu futuro!

Capítulo 1

Procrastinar

> A procrastinação é, sem dúvida, a nossa forma preferida de auto-sabotagem.
>
> — Alyce P. Cornyn-Selby

Quando peço aos participantes dos meus cursos que identifiquem o que precisam fazer para serem mais bem-sucedidos em seus trabalhos, eles apresentam uma lista de tópicos: "Vender mais", "participar de mais eventos para fazer contatos", "fazer mais ligações para clientes em potencial", "dedicar mais tempo aos clientes", "chegar mais cedo no trabalho e sair mais tarde". Raramente ouço alguém dizer, explicitamente, "parar de procrastinar".

Quando lhes pergunto o que aconteceria se parassem de adiar tarefas importantes, respondem: "Eu me seria mais bem-sucedido do que posso imaginar."

No trabalho, a procrastinação é uma epidemia, e uma das condutas de auto-sabotagem mais comuns. Uma coisa é procrastinar quando se trata de algo que afeta apenas você, como começar uma dieta. Mas prejudicar a produtividade de outras pessoas é algo completamente diferente. Ao fazer isso, você arruma sarna para se coçar e deixa muita gente ressentida.

No trabalho, as pessoas procrastinam por vários motivos. Alguns não gostam de se sentir escravos de prazos. Outros sentem-se sobrecarregados pela natureza da tarefa em questão ou a quantidade de trabalho que têm para fazer. Outros ainda procrastinam porque suas prioridades não estão claras ou porque não sabem ao certo como começar, e têm medo ou vergonha de pedir ajuda.

George, editor de uma grande revista, era um excelente escritor, erudito, que dominava totalmente a sua área de especialização, que por um acaso era o mundo da tecnologia. Mas George sempre entregava seus artigos no último minuto. Ele deixava para escrever o artigo quando faltava apenas uma ou duas semanas para o fim do prazo para produção, mesmo no caso de artigos que exigiam muito trabalho de pesquisa e entrevistas. Às vezes ele passava noites em claro para terminar o artigo, e mais de uma vez deixou o departamento de produção no aperto.

Quando a revista perdeu um prazo de entrega e teve de pagar à gráfica uma multa de 10 mil dólares por atraso, a equipe de produção culpou George pelo ocorrido. Ele foi severamente repreendido pela editora-chefe.

— Não me interessa se você é muito talentoso — ela disse. — A sua procrastinação está afetando outras pessoas e custando caro para a empresa. Resolva o problema, caso contrário...

> A procrastinação é um dos males mais comuns e fatais, e pagamos caro por esse hábito, com sucesso e felicidade.
> — Wayne Gretzky

NA ESSÊNCIA, a procrastinação não é apenas adiar a *execução* de uma tarefa; é adiar a *tomada de uma decisão*. Fazemos isso quando estamos sobrecarregados. Se você procrastina, é provável que, no passado, algumas de suas iniciativas tenham dado errado ou que figuras de autoridade (pais, professores, técnicos desportivos ou outros adultos) tenham reagido de maneira negativa a tais iniciativas. Com o passar do tempo, seu medo de fazer algo errado aumenta. O medo de ser punido supera o seu desejo de agir. A sensação de estar sobrecarregado o deixa paralisado.

A procrastinação pode acabar colocando você contra a parede: o projeto que vem sendo adiado tem de ser concluído ou haverá conseqüências. Quando você se dá conta, no último instante, de que poderá ser repreendido ou demitido, um evento fisiológico interessante ocorre. Você recebe uma injeção de adrenalina. Ela é uma substância produzida pelo corpo que nos deixa alertas. A adrenalina permite que você lide com situações de perigo. De repente, seus neurônios se organizam e funcionam perfeitamente. Você faz acontecer. (Isso pode explicar por que tantas pessoas que sofrem de déficit de atenção procrastinam de maneira inacreditável. Quando elas deixam as coisas para a última hora, ministram uma boa dose de adrenalina, a Ritalina natural.)

Se você é como a maioria das pessoas que procrastinam, é provável que consiga pensar em uma solução de última hora, saindo-se bem da situação. Entretanto, o problema se agrava com a idade, pois a mudança constante do ritmo lento da procrastinação para o ritmo frenético causado pela injeção de adrenalina afeta o seu sistema. Ela tem um efeito negativo sobre seus hormônios do estresse. Você começa a perder a sua capacidade de encontrar soluções de última hora.

George entendeu todas as minhas explicações, mas continuava sem saber o que fazer. Começamos a falar sobre o seu filho, Jake. Assim como muitos homens ambiciosos e trabalhadores, ele tinha uma queda especial por seus filhos, principalmente Jake. Seu filho sofria de DDA (déficit de atenção). Assim como George, Jake deixava tudo para a última hora e estava claramente aquém das suas capacidades. Seu filho sentia-se frustrado, zangado e desestimulado por não conseguir usar sua inteligência de maneira eficaz. Certa vez, ele disse ao seu pai: "De que adianta a inteligência se eu não consigo usá-la? Eu gostaria de ser burro para que não tivesse que fazer jus a todo o meu potencial." Na procrastinação do filho, George identificava parte do tormento que ele mesmo sentia.

Eu sugeri que George levasse parte do seu trabalho para casa, sentasse à mesa com Jake e o fizesse enquanto o filho fazia sua tarefa de casa.

— Vocês podem fazer companhia um ao outro enquanto fazem coisas que odeiam fazer, mas que precisam ser feitas — sugeri.

George respondeu:

— Imediatamente. Eu faria qualquer coisa para fazer meu filho sentir-se melhor.

Então George e Jake começaram a fazer isso. Eles definiram horários para trabalharem lado a lado em projetos que vinham procrastinando. Em alguns meses, o desempenho de ambos havia melhorado. Trabalhando juntos, ficou mais fácil tolerarem suas obrigações.

> As equipes compartilham o fardo e dividem as angústias.
> — Doug Smith

PARA REFLETIR
Nós não procrastinamos por preguiça, mas porque estamos sobrecarregados.

≻≻≻ Dicas de como agir

1. *Peça ajuda a um colega.* Quando você fica sobrecarregado, sua capacidade de agir atinge um ponto de inércia. Pedir ajuda a um amigo ou colega que esteja do seu lado, mas que não passe a mão na sua cabeça, pode ser útil. Peça a esse amigo que o ouça falar sobre seus medos. Marque um horário regular semanal para conversarem, saberem se o outro precisa de ajuda e terem uma responsabilidade mútua. (Esse é o princípio por trás dos programas de apoio dos 12 passos.)
2. *Vá com calma.* Uma tarefa de cada vez. Escolha as duas principais tarefas que você esteja procrastinando e que sejam impor-

tantes para a sua empresa. (Não escolha mais do que duas, pois listas de tarefas são um convite à procrastinação.)
3. Continue trabalhando com seu colega até que as tarefas incluídas na lista de prioridades sejam concluídas; em seguida, acrescente outras duas atividades e trabalhe com ele para concluí-las.
4. Com a prática, você internalizará a capacidade de conversar consigo mesmo sobre seus medos e passará a confiar mais em si mesmo do que em seu colega.

Capítulo 2

Ficar na defensiva

> Eu nunca permitirei curvar-me tão baixo a ponto de odiar qualquer homem.
>
> — Booker T. Washington

RESPONDA RÁPIDO: quando você discute com alguém: (a) acha que a outra pessoa está dizendo "Eu estou certo, você está errado" (ou seja, acha que a pessoa está julgando de maneira injusta); ou (b) acha que é mais importante dizer "Eu estou certo, você está errado" para a outra pessoa?

Se a sua resposta for (a), é provável que você costume perder um bocado de tempo ficando na defensiva. Se aquilo que você "ouve" alguém dizer é "Eu estou certo, você está errado" (e essa pessoa pode ou não estar dizendo isso), sente-se ofendido. Talvez você tenha ímpetos de responder: "Caramba! Eu não estou (sempre) errado!"

Se a sua resposta for (b), você passa muito tempo agindo como se fosse o dono da verdade. Você tem a impressão de que não está *no* ataque, mas *sendo* atacado.

Ironicamente, é provável que a pessoa com quem você está discutindo sinta-se exatamente da mesma forma. Nenhum dos dois quer arrumar confusão (a menos, é claro, que um dos dois ou ambos gostem de agir como cretinos). Mas os dois agem de maneira defensiva por sentirem-se ofendidos. Você e seu inimigo estão exercendo seus direitos de proteção.

Há pouco tempo, fui chamado para intervir em uma briga entre dois altos executivos. Pedi a eles que perguntassem um ao outro:

— Você não estava dizendo que eu estou errado e você está certo?

Ambos responderam que não. Para eles, descobrir que ambos estavam se defendendo, não atacando um ao outro, foi algo intenso, e serviu para abrir seus olhos.

> Se nós pudéssemos ler a história secreta de nossos inimigos, descobriríamos que a história de cada homem traz dores, tristezas, mágoas e sofrimento suficientes para desarmar qualquer hostilidade.
> — Henry Wadsworth Longfellow

POR QUE AS PESSOAS se precipitam tanto na hora de assumir posturas defensivas? Mais uma vez, a origem está nas experiências da infância. Se você acha que seus pais costumavam lhe dizer, direta ou indiretamente, que você estava errado ou, pior ainda, que você era burro, inútil e fracassado, mesmo quando adulto você continua acreditando que as pessoas continuam fazendo o mesmo (veja "Por que nos sabotamos" na introdução).

Na infância, não havia muito o que você pudesse fazer quanto a isso, e talvez sua saída fosse chorar, se fechar ou descontar suas frustrações em seus colegas da escola. Entretanto, agora que é adulto, reage de outra forma. Algo toma conta de você e, como o personagem de Peter Finch no filme *Rede de intrigas*, faz com que você grite:

— Estou fulo da vida e não vou mais aturar isso!

A sua explosão é conseqüência do fato de você ter se calado e permitido que a dor e a raiva se acumulassem durante a infância. E você desconta em alguém no presente.

> Às vezes os pais acham que, se não criticarem os filhos, estes nunca aprenderão. Críticas não fazem com que as pessoas queiram mudar; fazem com que elas se defendam.
> — Laurence Steinberg

COMO DEIXAR DE AGIR de maneira defensiva? Em psicoterapia, às vezes os pacientes passam por aquilo que os especialistas chamam de "transferência". Os pacientes reagem a um terapeuta neutro como se ele *fosse* uma pessoa com quem conviveu no passado, em geral um dos pais; alguém que os maltratou, negligenciou ou foi ruim para eles de alguma forma.

O trabalho terapêutico exige que, primeiro, você reconheça como está transferindo esses sentimentos mal resolvidos relacionados a pessoas que te magoaram no passado para seu terapeuta (e sem dúvida para outras pessoas, especialmente aquelas que têm autoridade sobre você) no presente. Ao longo do processo, você desenvolve uma noção e uma consciência que lhe permitem ver o que está acontecendo e controlar-se de modo a impedir que aconteça novamente.

Quando você deixa de permitir que as pessoas que fazem parte da sua vida hoje paguem pelos erros de pessoas que o prejudicaram no passado, você passa a ver que agir de maneira defensiva, em resposta ao que considera uma ofensa, apenas reduz as suas chances de sucesso. Ao permitir que as relações atuais se baseiem na realidade atual, espantando os fantasmas do passado, você será mais feliz e também mais bem-sucedido.

PARA REFLETIR
Quando não há ameaça de ataque, agir de forma defensiva parece, na verdade, ser uma ofensa.

➢➢➢ Dicas de como agir

1. Faça uma lista das pessoas que trabalham com você e com quem você costuma discutir.
2. Marque uma letra A ao lado do nome da pessoa se você acha que está dizendo para você "Eu estou certo, você está errado".
3. Marque a letra B se você achar que a pessoa, na verdade, está dizendo "Eu não estou errado".
4. Aborde as pessoas marcadas com a letra B e pergunte:
   — Quando nós discutimos, você tem a impressão de que eu estou dizendo que estou certo e você está errado ou você quer dizer "Eu não estou errado"?
   Deixe claro que a sua intenção não é atacá-la, mas tentar esclarecer a situação.
5. Ouça com atenção o que a pessoa responder. Talvez você se surpreenda ao ver que o que lhe parece ser um ataque, não é. Você se sentirá encorajado.
6. Agora tente fazer o mesmo com as pessoas marcadas com a letra A. Na maioria das vezes, você verá que essas pessoas não estavam te atacando, mas se protegendo.
7. Se você descobrir que as pessoas querem dizer que estão certas e você está errado, peça-lhes que descrevam as condutas específicas que acham que você deveria mudar para corrigir aquilo que elas dizem que você está fazendo de errado. Não importa o que elas digam, não aja de maneira defensiva. Simplesmente responda com um sincero "obrigado". Quando elas descobrirem que não têm com quem brigar, o poder estará em suas mãos.

Capítulo 3

Insistir em um emprego do qual deveríamos pedir demissão

> Se você cometeu um erro, saia dessa o mais rápido possível.
>
> — Bernard Baruch

VOCÊ NÃO É UMA PESSOA que foge das suas responsabilidades. Você faz o seu trabalho. No entanto, identifica-se totalmente com Dilbert. Aos domingos, você vai dormir torcendo para o despertador não tocar na segunda-feira de manhã. À tarde, você olha para o relógio ansioso para sair o mais cedo possível. No trabalho, você aproveita qualquer oportunidade para dar uma caminhada pelo corredor e conversar com os colegas. Você sai cedo quando pode ou fica navegando na Internet até que os outros comecem a sair. Você liga avisando que está doente, mas na verdade não tem nada.

"Ah, você acha o seu emprego horrível? Você não viu nada!"

Em noites de embriaguez, essa exclamação dá início a longas conversas, e também já serviu de roteiro para muitos filmes de Hollywood.

É incrível ver quantas pessoas brilhantes já desperdiçaram seu tempo em empregos ruins. Conheço um cara, hoje doutor em economia, que trabalhava esmagando cabeças congeladas de peru em um tonel gigante para fazer ração para gatos. Tem também o professor de uma universidade norte-americana de renome que trabalhava no turno da madrugada servindo café para bêbados que vomitavam no recipiente do creme e adormeciam em cima da mesa. Há também a juíza que trabalhava das 22h às seis da manhã cortando negativos de filmes (ao menos havia um pouco de divertimento nesse emprego). E o diretor famoso que era lixeiro e uma vez desmaiou devido ao mau cheiro. Claro que trabalharam nesses empregos quando ainda eram estudantes, mas sofreram da mesma forma.

E agora é você que tem um emprego ruim. Não que você fique de papo para o ar, mas há muito tempo não vê nenhum sentido, não aprende nada e não se diverte nem um pouco no seu emprego. Você precisa continuar trabalhando para pagar as contas. Você gostaria de encontrar uma forma de sair dali, mas prende-se tanto à necessidade de ter um salário no fim do mês que não tem tempo nem ânimo para pensar em como sair dessa.

> Vou contar um segredo, meu caro. Não esperes pelo Juízo Final. Ele ocorre diariamente.
> — Albert Camus

ENTÃO POR QUE você não cai fora? Há vários motivos possíveis para isso:

> ➤ *Você não tem um plano.* Você apostou tudo naquilo e não consegue ver uma alternativa. Você está apenas sobrevivendo: está tão cansado e sente-se tão preso que só de pensar em encontrar forças para procurar outro emprego já fica exausto. (É o mesmo efeito psicológico que faz com que as pessoas se prendam a casamentos ruins. A situação com a qual estão familiarizados é ruim,

mas a situação estranha é simplesmente assustadora demais para ser considerada.)
➤ *Você não quer dar a impressão de estar abandonando o barco.* Pode ser que você seja um tanto masoquista. Mas, se não for, está preso ao seu empregador por um sentimento de culpa e, ironicamente, pelo fato de ser interessante para o seu empregador que você se sinta assim.
➤ *Você é otimista.* A esperança é a última que morre. Talvez você queira acreditar que a mudança positiva tão esperada, querida e desejada ocorrerá, mesmo que esteja muito claro que nada mudará. Você não consegue aceitar que não receberá nada de peso pelo tempo e o esforço dedicados ao seu trabalho.
➤ *Você não quer errar.* Se você investiu no "emprego dos sonhos" apenas para ser obrigado a enfrentar uma realidade no mínimo desapontadora, talvez tenha dúvidas acerca da sua capacidade de julgamento em outros sentidos. Se você falhar, talvez comece a se perguntar se há algo em que possa ser *verdadeiramente* bem-sucedido.
➤ *Você acha que não sabe fazer outra coisa.* Se você acha que tem o emprego que merece e que não faz jus de nada melhor, fica parado no mesmo lugar.

Como se libertar? Qual a diferença entre as pessoas que seguiram em frente para aproveitar oportunidades melhores e aquelas que preferiram ficar onde estavam?

> A menos que você tome uma atitude, nunca sairá de onde está.
> — Ashleigh Brilliant

A PRINCIPAL DIFERENÇA entre o sucesso e o fracasso é vislumbrar que a sua vida *pode* ser diferente e tomar medidas concretas, ainda que mínimas, para realizar esse sonho. Até mesmo aquela coisa quase imperceptível que inspira você e faz com que se sinta feliz — trabalhar como voluntário na igreja, trabalhar com animais, fazer um curso à noite — é muito importante no sentido de fazer com que você passe a ter uma postura mais positiva. Ela transpõe os obstáculos e toca a sua motivação; como você encontrou o caminho que deseja trilhar, pode se deixar levar.

Bruce Wright, fundador da empresa de consultoria Macro Strategic Design, ajuda as pessoas a terem a melhor vida possível para que elas não tenham nenhum arrependimento no final. Este é um dos exercícios propostos por ele: feche os olhos e imagine que você tem 50 milhões de dólares. Esse dinheiro foi obtido legalmente, está livre de impostos e é todo seu, você pode fazer o que quiser com ele. Com essa quantia, você nunca mais precisaria fazer nada que não quisesse. O que faria?

Algumas pessoas dizem que viajariam muito; outras dizem que comprariam muitas casas. Outras trabalhariam para fazer do mundo um lugar melhor. O que você faria?

Ao abrir os olhos, pense em pequenas coisas que poderia fazer no cenário imaginado *sem ter esse dinheiro*. Isso quer dizer que você pode planejar mais viagens, alugar (sozinho ou dividindo com amigos) uma residência em outra cidade durante parte do ano ou dedicar tempo a uma das instituições de caridade da sua área. Em outras palavras, você pode começar a viver do jeito que gostaria agora.

Deixe a sua mente se abrir e sua atitude mudar; em seguida, faça um plano. Os artistas, acadêmicos e outras pessoas de sucesso mencionadas anteriormente fizeram planos. Nenhum deles achava que a situação em que se encontrava era o fim do caminho, apenas um meio. É claro que pessoas de meia-idade não vêem a diferença tão claramente, pois elas têm mais responsabilidades. Mas ainda estou para conhecer uma pessoa determinada e razoavelmente inteligente que tenha um plano e não consiga melhorar de vida.

PARA REFLETIR
Onde houver um caminho, haverá determinação.

>>> **Dicas de como agir**

1. Para saber se você deveria ou não cair fora de uma determinada situação, pergunte a si mesmo: "Se eu tivesse que fazer tudo de novo, eu faria? Caso positivo, por quê? Caso negativo, por que não? E por que continuo tentando?"
2. Antes de dedicar mais tempo e esforços a qualquer coisa, pergunte-se: "O que me diz que as coisas serão diferentes desta vez?" E "O que posso fazer para evitar uma perda total?"
3. Pergunte-se: "Qual a pior coisa que poderia acontecer se eu caísse fora agora? É pior do que se eu deixar tudo como está e a situação continuar piorando?" E "Se eu parasse de fazer isso, quanta energia, quanto tempo e quanto dinheiro sobrariam para que eu fizesse outra coisa?"
4. Não reclame a menos que esteja agindo. Se você ficar reclamando, só conseguirá prender-se mais ainda à situação e afastar as pessoas que querem ajudar porque elas o acharão chato. O intuito é fazer com que os outros torçam por você, e torçam mais ainda quando você chegar mais perto da sua realização profissional.
5. Para sair do modo de sobrevivência, dê um jeito de fazer algo — qualquer coisa — de que você goste de verdade e que poderia abrir caminho para outra carreira ou emprego. Pense em fazer algo que adoraria fazer, mas nunca achou que poderia por falta de formação, e ofereça-se como voluntário para aprender mais sobre o assunto. (Se você achar que está enrolado demais para arrumar tempo, pense outra vez: o tempo investido em algo novo que dá prazer será compensado pelo tempo subtraído do seu estado de estresse atual.)
6. Consiga apoio. Lembre-se: quanto mais apoio você tiver, mais irá progredir.
7. Determine um prazo. Se as coisas não melhorarem em um mês, comece a atualizar o seu currículo e a procurar outro emprego, e inscreva-se em um curso à noite.

Capítulo 4

Morder a isca

> Mas para cada homem existe uma isca à qual ele não consegue resistir.
>
> — Friedrich Nietzsche

CERTA VEZ MINISTREI uma oficina de treinamento para quarenta altos gerentes financeiros de uma grande empresa que administrava mais de 60 bilhões de dólares em bens de clientes. Apresentei a eles este desafio: convencer uma pessoa muito abastada a deixar um concorrente e fechar negócio com a empresa deles. Eu disse ao grupo que estava lá reunido:

— Tenho 25 milhões de dólares em bens que estão sendo administrados pelo seu concorrente. Eram 35 milhões antes de ele me ajudar a jogar parte desse valor pela janela com empresas estabelecidas na internet. Agora estou pensando em fechar negócio com vocês.

Todos os presentes deram um sorriso satisfeito, balançando a cabeça afirmativamente como se eu tivesse acabado de tomar uma decisão muito inteligente.

Então eu prossegui:

— Mas eu queria saber por que eu deveria passar a trabalhar com vocês se não há grandes diferenças entre a sua empresa e meu prestador atual de serviços de administração financeira. Afinal, a declaração de missão de vocês é quase igual à deles — tem vinte por cento de sinceridade e oitenta por cento de papo de vendedor.

Os sorrisos sumiram de seus rostos, mas sendo sua natureza competitiva, prepararam-se para vencer meu desafio.

— Aposto que vocês nem sabem de cor a sua declaração de missão. Colocá-la em prática, então, nem pensar! — eu disse, em tom acusador.

Seus lábios ficaram tensos e mostravam uma determinação hostil. Continuei:

— Na verdade, vocês já perderam quantias igualmente altas para alguns de seus clientes. Por que eu deveria deixar o meu dinheiro nas suas mãos?

Todos os consultores presentes reagiram ao meu desafio. Eles explicaram como faziam para diversificar os investimentos de seus clientes e como faziam uma avaliação completa da tolerância de seus clientes aos riscos. Eles falaram maravilhas sobre a sua empresa, destacando que ela estava no mercado há mais de cem anos. E blablablá.

Estava claro que eles não tinham se dado conta de que haviam mordido a isca. Eu os havia provocado para que discutissem comigo. Rapidamente eles passaram a agir de maneira defensiva e a argumentar, e era isso o que eu queria mostrar. Em vez de tentarem me persuadir, como diria Steven Covey, "procurando entender, depois ser entendido", eles estavam reagindo à minha provocação.

Ao observar suas reações, o diretor-gerente que havia me chamado para palestrar não conseguia esconder o seu espanto. Durante o *debriefing* e a parte didática do meu curso, após essa seção, mostrei a eles como haviam contra-atacado rapidamente. O diretor-gerente falou para a turma:

— Incrível! Esse cara jogou a isca e todos vocês a morderam. Como esperam que o tipo de cliente com quem lidamos os respeite se reagem assim? Que irá entregar seu dinheiro nas mãos de vocês...

> É melhor passar longe da isca do que ter que se debater para livrar-se do anzol.
>
> — John Dryden

No trabalho, há iscas por todos os lados. Jogar uma isca para alguém é uma forma de insulto que pode se apresentar de várias maneiras. Às vezes é apenas uma provocação em tom de brincadeira, algo que pega você desprevenido. Outras vezes é algo menos inocente, como algum tipo de insinuação sexual tão malvista pela maioria das empresas. Às vezes é algo com a intenção clara de provocar: conheço muitas empresas de tecnologia em que os altos gerentes tentam fazer com que seus engenheiros defendam publicamente suas decisões. Outras vezes é mesmo hostil, e os insultos são verdadeiros e cortantes.

Em todas essas situações, parece que as pessoas que jogam a isca estão no controle da situação; se você for a vítima afetada, fica com a impressão de que precisa reagir para recuperar o controle. Assumir uma postura defensiva pode parecer a reação natural. Mas se você agir antes de pensar, poderá perder duas vezes. Entrar numa discussão para se defender custará o seu respeito aos olhos da outra pessoa, e mais tarde o seu respeito por si mesmo, pois você terá a sensação de ter sido obrigado a responder na mesma moeda.

Em 1996, testemunhei um grande exemplo em que uma pessoa recusou-se a morder a isca.

— General Powell, tenho a informação de que a sua mulher já sofreu de depressão, teve de tomar remédios e foi até internada em uma instituição para doentes mentais. O senhor gostaria de tecer algum comentário sobre isso?

O silêncio que se fez foi tão grande que era possível ouvir as 8 mil pessoas presentes no Dallas Civic Auditorium prendendo a respiração. Eles não podiam acreditar no que haviam acabado de ouvir. Todos ficaram em silêncio.

Colin Powell havia acabado de iniciar a sessão de perguntas após ter feito um discurso inspirador na conferência nacional dos principais produtores de uma grande empresa imobiliária. Naquela época, Powell era um forte candidato para concorrer à presidência. Ele havia convocado o público, repleto de representantes e corretores que trabalhavam duro, a dar algo em troca para suas comunidades. Ele havia falado, de maneira apaixonada, sobre o quanto era grato à sua família e a seus amigos de infância. Ao falar sobre oportunidades de ser bem-sucedido fazendo o bem, ele pediu à plateia que fizesse o mesmo.

O adjetivo "inadequada" é gentil demais para a pergunta totalmente fora de contexto feita a Powell. Todos nós nos perguntávamos como o general reagiria. Lembrei de Edmund Muskie, que havia jogado fora as suas chances de se candidatar à presidência 25 anos antes, quando alguém no meio de uma platéia perguntou sobre os problemas mentais da esposa, e o senador de Maine caiu em prantos. Será que Powell reagiria com a emoção? Será que ele ignoraria a pergunta? Será que ele seria hostil?

Em vez disso, ele simplesmente respondeu:

— Veja bem: a pessoa que você mais ama no mundo está passando por uma fase infernal, e *você* não faria tudo o que estivesse ao seu alcance para ajudá-la a sair dessa? Algum problema, senhor?

Daria para ouvir um alfinete caindo. Pensei comigo mesmo: "Isso é que é liderança! Eu compraria qualquer coisa desse cara!"

> A água é fluida, branda e flexível. Mas ela é capaz de desgastar um rochedo, que é rígido e inflexível. Como regra, qualquer coisa que seja fluida, branda e flexível tem o poder de superar qualquer coisa que seja rígida e inflexível. Eis outro paradoxo: o que é brando é forte.
>
> — Lao-Tsé

POWELL NÃO mordeu a isca porque falou sobre o princípio de fazer a coisa certa, não se deixando levar pelo ego e pela vontade de querer estar sempre certo. Se você aprender a identificar a coisa certa, a fazer e agir de acordo com esse princípio, você também conseguirá manter o equilíbrio sempre que for desafiado ou lhe jogarem uma isca.

Antes disso, eu já admirava Powell, mas aquela resposta me inspirou a dar sempre o melhor de mim. Ele também me fez ver que não morder a isca é uma das melhores maneiras de conquistar respeito.

No trabalho, sempre haverá muitas situações em que as pessoas jogarão iscas para você. Mordê-las ou não e correr o risco de perder a chance de conquistar respeito ou não, depende de você.

> **PARA REFLETIR**
> Ao morder a isca, você não perde só a cabeça: perde a chance de conquistar respeito.

➢➢➢ Dicas de como agir

1. Identifique as situações na sua vida em que existe uma probabilidade maior de você morder a isca e quem são as pessoas que provavelmente jogariam iscas para você.
2. Em vez de tentar vencê-las, defina que, por princípio, fará aquilo que for justo e razoável, e deixe-se guiar por esse princípio.
3. Quando jogarem uma isca para você, em vez de reagir, fique quieto (mas seja agradável), não diga nada.
4. É provável que as pessoas que estão jogando a isca percam a compostura e tornem a confrontá-lo. Não se deixe afetar por elas. Continue agindo de maneira superior.
5. Quando alguém lhe jogar uma isca, você deve reagir mais ou menos assim:

— É óbvio que você está aborrecido ou frustrado comigo, mas não sei bem por quê. Diga-me qual o problema e, se for algo que eu considere justo e razoável para todas as partes envolvidas, eu tomarei as medidas necessárias, com prazer. Se não for algo justo e razoável, teremos um problema.

É mais provável que eles recuem ou decidam perturbar outra pessoa e, nesse caso, você estará a salvo.

Capítulo 5

Não delegar

> Cerque-se das melhores pessoas que puder. Delegue autoridade e não interfira.
>
> — Ronald Reagan

— **Nós vamos retirar** o aparelho respirador — avisou o residente-chefe do setor de cirurgia para Fred, que havia passado por uma cirurgia de grande porte na cabeça e no pescoço após um acidente de carro.

Fred viveu com aquele tubo de respiração horrível em sua garganta durante um mês. Ele vivia nos escrevendo bilhetes para perguntar quando poderíamos retirá-lo. Entretanto, quando finalmente chegou o momento de retirar o tubo, não era bem uma sensação de alívio que ele sentia. Em vez disso, um pensamento o assombrava: será que ele conseguiria respirar sozinho?

No dia seguinte, Fred nos olhava com olhos arregalados, enquanto procurávamos confortá-lo, dizendo que ele conseguiria respirar pela boca. Retiramos lentamente o tubo de traqueostomia da abertura feita em seu pescoço. O medo de Fred era tamanho que ele cravou as unhas no braço do médico, que sangrou.

Finalmente, ele respirou sozinho pela primeira vez. Todos nós respiramos aliviados depois disso.

Embora Fred soubesse que precisava retirar o respirador para levar adiante o processo de recuperação, estava com medo da mudança.

Por mais dramática que esta cena possa parecer, é assim que algumas pessoas se sentem quando chega o momento de delegar uma tarefa a alguém para que elas possam seguir adiante em suas carreiras. Vejamos o caso de Julia, uma projetista talentosa que trabalhava para uma pequena empresa de arquitetura. Julia era uma mulher inteligente e competente que gostava muito do seu trabalho e tinha grande orgulho dele. Ela aceitava novos projetos com entusiasmo e oferecia-se para ajudar os outros em seus projetos. No início, tudo ia muito bem. Ela recebeu muitos elogios de seus chefes e um aumento.

Mas à medida que mergulhava no trabalho, viu sua lista de tarefas pendentes crescer. A pilha de papéis da sua caixa de entrada crescia sem parar, e o número de e-mails se multiplicava. Julia trabalhava cada vez mais. Mesmo quando o chefe sugeriu que ela repassasse um ou dois projetos, ela recusou. Às vezes simplesmente se esquecia de algumas solicitações. As coisas que ficavam para trás na sua lista de tarefas tinham de ser feitas por seus colegas. O número de tarefas pendentes começou a crescer, e seus colegas começaram a se aborrecer pelo fato de que ela não conseguia arcar com suas responsabilidades. Por fim, seu chefe a tirou de diversos projetos e redistribuiu-os entre seus colegas, para a humilhação de Julia.

É claro que Julia não está só. Muitas pessoas têm uma dificuldade incrível de delegar por uma série de motivos. Muitos desses motivos não dependem de nós. Em primeiro lugar, muitos ambientes de trabalho desestimulam a delegação, seja de maneira explícita ou implícita. A maioria das empresas em algum momento já fez cortes na equipe administrativa a fim de economizar. Conseqüentemente, todos, exceto os mais altos executivos, têm de fazer o trabalho dos assistentes administrativos: tirar cópias, repor o papel da impressora, marcar reuniões etc., desperdiçando muito tempo que poderia ser usado de maneira mais produtiva.

As empresas também esperam que as pessoas façam tudo sozinhas. Conforme os chefes vão nos passando mais e mais tarefas alegremente, internalizamos a idéia de que pedir ajuda é um sinal de fraqueza. Assim prosseguimos bravamente em nossa labuta. Somos pressionados a cumprir prazos, e achamos que não há tempo para explicarmos todo o serviço para outra pessoa.

Mas a culpa por não delegar também pode ser nossa. Os motivos estão relacionados a questões psicológicas de controle. Pessoas que se recusam a delegar muitas vezes têm dificuldade de confiar nos outros. No caso de Julia, por exemplo, sua mãe era alcoólatra, e ela achava que tinha a obrigação de manter sua família problemática unida. Ainda criança, ela cozinhava e limpava a casa enquanto a mãe dormia para curar a ressaca. Como não recebia atenção da mãe, conseguiu atenção dos professores, na escola. Ela era a típica "boa menina" que era parabenizada pela dedicação e pelo trabalho duro. Julia se identificava tanto com seu trabalho e com as tarefas que lhe eram delegadas que, se alguém sugerisse que ela deveria trabalhar menos ou deixar outra pessoa assumir alguma tarefa, sentia-se desvalorizada. Ao mesmo tempo, acreditava no ditado "se quer algo bem feito, faça você mesmo". Como ela não podia contar com uma postura adulta da sua mãe, ao se tornar adulta ela passou a ter dificuldade de confiar em outros adultos.

No trabalho, essa falta de confiança pode acabar fazendo com que uma pessoa não atenda suas próprias expectativas. Julia de fato considerava-se a coordenadora de projetos mais competente da empresa, e achava que seria uma ótima gerente. Na tentativa de prová-lo, passou a se considerar indispensável (veja o capítulo "Considerar-se indispensável"). Mas, na verdade, ela tinha medo do que poderia acontecer se ela não conseguisse dar conta de tudo o que tinha para fazer. Ironicamente, ela acabou se sabotando exatamente dessa maneira.

> O melhor executivo é o que possui sensibilidade suficiente para conseguir que os bons profissionais façam o que ele quer que seja feito, e auto-controle para não interferir enquanto eles trabalham.
>
> — Theodore Roosevelt

MAS JULIA *aprendeu* a delegar. Ela seguiu o exemplo de Fred, de quem falamos no início do capítulo. O que permitiu que Fred ganhasse confiança para deixar de depender do respirador (o fato de ele não ter outra opção não vem ao caso) foi o plano tranqüilo, lógico e em etapas apresentado pelos médicos para ajudá-lo a voltar a respirar sozinho. A cada etapa, Fred seguiu o plano que permitia que ele parasse para "tomar fôlego" até conseguir "delegar" a respiração, antes feita pela máquina, a seus pulmões. Se não houvesse um "caminho" a ser seguido, ele teria tido muito mais dificuldades para conseguir a "determinação" para fazê-lo.

Uma das maneiras que Julia aprendeu a delegar foi seguindo o procedimento usado no treinamento de médicos quando chegava a hora de um residente delegar uma tarefa a um estagiário. O método se chamava "Veja uma vez, faça uma vez, ensine uma vez". Neste exercício, o estagiário observava o residente enquanto este ensinava um procedimento. Depois o estagiário fazia o procedimento sob a supervisão do residente, descrevendo o que estava fazendo passo a passo. Por fim, o estagiário ensinava o procedimento ao estudante de medicina, e assim por diante. No final, o estagiário havia ensinado o procedimento tantas vezes que passava a dominá-lo.

Quando Julia aprendeu a ver a tarefa a ser delegada como um procedimento a ser visto, feito e ensinado por outra pessoa, ela conseguiu vencer o problema da falta de confiança e delegar.

> **PARA REFLETIR**
> Crie um plano passo a passo para delegar algo, e você encontrará a coragem necessária.

➢➢➢ Dicas de como agir

1. Pense na tarefa que deseja delegar.
2. Programe seu tempo para que a pessoa a quem a tarefa será delegada:

- veja você fazendo aquilo que ela terá de fazer;
- execute a tarefa sob a sua supervisão;
- "ensine" você ou outra pessoa a executá-la.
3. No início, você ainda terá dificuldades para seguir esses passos, mas ao terminar verá que suas preocupações sobre o que acontecerá quando você deixar que outra pessoa assuma a tarefa se dissiparão.
4. Se você achar que não conseguirá definir um passo a passo para ensinar a tarefa a ser delegada porque a executa intuitivamente, respire fundo e tente novamente, ou dê um tempo e torne a pensar no assunto mais tarde. Você verá que é capaz.

Capítulo 6

Ser arrogante

> É um cavalheiro, uma ama, que tem prazer em ouvir a própria voz e que em um minuto prometerá mais coisas do que possa realizar em um mês.
>
> — William Shakespeare, em *Romeu e Julieta*

NA PEÇA DE SHAKESPEARE, o melhor amigo de Romeu, Mercúcio, costuma exaltar-se e falar, falar, falar. Ele se perde tanto em suas viagens verborrágicas que se esquece completamente de seus ouvintes ou dos problemas enfrentados por causa de suas palavras. Em vez usar a lógica e defender o uso da razão entre as famílias inimigas, ele se deixa levar pelo ego. Não consegue parar de falar nem mesmo enquanto sangra até a morte.

Pelo menos Mercúcio era inteligente e divertido. Nem todos têm esses dons. Pessoas arrogantes, que têm a mania de não deixar os outros falarem, se acham superiores, gostam de dar ordens e intimidar, não são apenas maçantes: elas conseguem afastar qualquer um. Elas não se importam com os outros. Pior ainda, ignoram totalmente as mensagens que seus supostos ouvintes tentam passar.

Nunca esquecerei de uma figura metida a Mercúcio que gostava de dominar as reuniões semanais. Para David, esses encontros eram uma competição onde ele tinha a oportunidade de deixar seus colegas para trás. Ele interrompia as pessoas, fazendo alguma observação que considerava inteligente, e passava dez minutos dando explicações maçantes acerca de sua lógica transparente. Se ele parasse depois da observação, talvez atiçasse a curiosidade de seus colegas, que talvez pedissem para que ele elaborasse seu raciocínio. Se ele desse uma boa explicação de um ou dois minutos, talvez eles o respeitassem. Mas David subia no palco e roubava a cena, o que só fazia com que seus colegas revirassem os olhos, trocassem olhares e ficassem olhando a hora o tempo todo. Ele só se deu conta de que irritava todo mundo quando seu chefe sugeriu que ele se controlasse um pouco. Deixou de falar tanto, mas levou algum tempo para reconquistar o respeito de seus colegas. Ele era um Mercúcio sem o talento.

Basicamente, as pessoas que falam muito são inseguras e carentes de atenção. Ninguém reparava nelas em casa, e acabam se tornando pessoas extremamente invejosas. Elas agem como seus pais, e dão sermões em vez de ouvir. Também acreditam que, se falarem por tempo suficiente, desviarão a atenção do fato de que, na verdade, *são* inseguras.

Mas, na verdade, não enganam ninguém. David, por exemplo, implorava por respeito, mas, no íntimo, não achava que o merecia, pois quando criança sentia-se ignorado e desrespeitado por todos. No entanto, sua atitude só servia para chamar atenção para o seu problema.

> Quando seu interlocutor balança a cabeça afirmativamente, mas não diz nada, é hora de parar de falar.
> — Vince Havner

NÃO ERA de surpreender que David não tivesse amigos no trabalho. Ninguém o convidava para almoçar porque ninguém gosta de monólogos. Um dia, ao fim de uma reunião durante a qual ele havia matraqueado sem parar, ouviu dois colegas falando dele:

— Caramba, por que ele não *cala a boca*? — um deles perguntou.

— Ele pensa que nós somos burros?

David, é claro, ficou espantado e chateado. Foi aí que veio se consultar comigo.

Na primeira etapa de sua recuperação, David começou a analisar a maneira como se comunicava. Expliquei a ele que todos nós temos um modo padrão de comunicação, principalmente no trabalho. São estes os modos: *monólogo, diatribe, discussão, debate* e *diálogo*.

O modo padrão de David era o *monólogo*. É como se ele estivesse no palco, como Mercúcio. Ele falava como se os ouvintes fossem um público cativo.

Uma *diatribe* é um monólogo mordaz. Em uma diatribe, você põe os bichos para fora ou agride, e tem a impressão de que o seu ponto de vista é o único que importa (veja o capítulo "Confundir um desabafo com críticas duras"). Aqueles que têm um mínimo de inteligência emocional saem das reuniões sentindo-se um pouco envergonhados, mas com a sensação de que estão protegendo seus egos. (Atenção: o ego sempre atropela a honestidade, a menos que você queira mudar de verdade.)

Em uma *discussão*, você e seu ouvinte são semelhantes, mas você considera seu ouvinte como um mero inimigo em uma batalha. É hora de praticar tiro ao alvo. Seu ouvinte atira na sua direção, e você atira de volta, em uma guerra para ver quem é o melhor, sem espaço para fraquezas ou hesitações.

> Quanto mais sabemos, menos precisamos falar.
> — Jim Rohn

No trabalho, todos queremos fazer parte de um *debate*. Neste sentido, é um aprendizado constante. A comunicação é clara e calma, e todos os lados são igualmente importantes. O debate é um processo intelectual e, de preferência, deve ter um guia professoral para ajudar a resolver as questões socráticas. Este é o tipo de comunicação ideal em reuniões. Infelizmente, os debates podem ser dominados por pessoas que querem comandar o ambiente por meio de monólogos, diatribes ou discussões. (E Sócrates já era.)

Reparei que os verdadeiros líderes, ou futuros líderes, aprenderam a arte do *diálogo*, que é a comunicação entre duas pessoas. O diálogo é a arte de não se importar com questões de status. Não se trata apenas do diretor que quer que as coisas sejam feitas do seu jeito ou do chefe de departamento que segue ordens. Vai além do respeito mútuo que faz com que haja uma comunicação em dois sentidos, e chega a uma preocupação genuína que leva ao *diálogo*.

O *diálogo* começa com empatia, um dom que quase todos temos, mas que muitos não usam porque estão ocupados demais defendendo seus egos. Em um diálogo de verdade, os egos não estão envolvidos, pois estamos mais preocupados em entender do que subjugar a outra pessoa. O diálogo resulta da empatia, que é a base do trabalho em equipe: quando você repara que o sujeito que trabalha na linha de produção está estressado e procura ajudá-lo, a equipe tem um melhor desempenho. O diálogo também é a base de ótimos casamentos. Você tem uma ligação emocional e mental com seu cônjuge, e tem disposição para ouvir e aprender. Quando dialogamos, a frustração e o ressentimento são substituídos por esperança e cordialidade. Você e seu cônjuge sentem que há uma compreensão mútua. Vocês criam uma ligação.

Se quiser ser mais bem visto por seus colegas, é preciso deixar para trás a vontade de iniciar monólogos, diatribes e discussões, e se esforçar para estimular os debates e diálogos.

PARA REFLETIR
Não seja uma pessoa arrogante, com mania de interromper os outros, achar-se superior, dar ordens e intimidar. No mínimo estabeleça uma comunicação em dois sentidos, e procure criar oportunidades para o diálogo.

➤➤➤ **Dicas de como agir**

1. *Descubra o seu estilo pelas reações desencadeadas.* Não é fácil acabar com o comportamento arrogante, mas você pode usar

seu poder de observação para ajudá-lo. O segredo é observar a maneira como as pessoas te ouvem. Se prestar atenção na sua linguagem corporal, descobrirá o seu estilo de comunicação. Na próxima reunião, observe as indicações e tente fazer a correspondência com o seu estilo de comunicação.

2. *Verifique se ocorre o distanciamento causado pelo monólogo.* Quando se deixa levar por um monólogo, seu ouvinte apresenta uma postura *distanciada*, o que significa que, na verdade, não está ouvindo nada. No trabalho, quando você fala com alguém e essa pessoa se mostra distante, repare como ela não olha para você, como se estivesse procurando uma saída, ou balança a cabeça sem prestar atenção no que você está dizendo.

3. *Verifique se ocorre o comportamento defensivo desencadeado pela diatribe.* Em uma diatribe, você observa dois tipos de expressões faciais, dependendo da personalidade da pessoa com quem está falando. As pessoas que se sentem insultadas com diatribes costumam erguer o rosto e apertar os lábios ou pôr o queixo para a frente (como se estivessem dizendo "Cara, você tá se achando, né?"). Aquelas que se sentem oprimidas ou intimidadas por sua diatribe costumam abaixar a cabeça, escondendo o queixo em um reflexo de submissão, como se estivessem dizendo: "Estou de mãos atadas. Só posso esperar que isso acabe."

4. *Veja se a reação indica uma discussão.* Em uma discussão, seu interlocutor tem uma postura desafiadora. É um ouvinte *reativo*, e isso ocorre quando as pessoas usam seus interlocutores como sacos de pancada, revidando o que o outro diz de maneira defensiva, combativa ou arrogante. A linguagem corporal indica que a pessoa sente-se insultada. (Se tiver contato com um adolescente que reage com raiva sempre que você abre a boca, você sabe como é.)

5. *Busque a empatia em um debate.* Em um debate respeitoso, seu interlocutor se mostra atento e cordial, e o ouve de maneira *receptiva*. Os ouvintes receptivos ouvem atentamente o que você tem a dizer e se esforçam para entender aquilo que você está dizendo. O modo de debate também é interativo, como em uma

reunião onde todos apresentam seus pontos de vista. Em um debate, os ouvintes mantêm o pescoço esticado e olham diretamente para você, sem desviar o olhar. Alguns podem franzir a testa ou apertar os olhos. Talvez eles não concordem com o que você está dizendo, mas não apresentam uma linguagem corporal de confrontação.
6. *Busque o vínculo existente no diálogo.* Em um verdadeiro diálogo, seu interlocutor estabelece uma ligação com você. Quando uma pessoa sente que existe uma comunicação de igual para igual, tanto do ponto de vista emocional quanto intelectual, há uma curiosidade, um respeito e um interesse mútuos. Seu interlocutor parece animado. Por confiar em você, fica visivelmente relaxado.

Lembre-se: menos é mais. Pense na pessoa mais sábia que você conheceu. Pode ser seu parente favorito, um padre, um rabino, um ótimo professor. Tente lembrar *como* essa pessoa te ouvia. Qual a expressão do rosto dessa pessoa enquanto falava? Como ela reagia a suas perguntas? Ela costumava interromper você ou ouvia o que tinha a dizer? É muito provável que essa pessoa sábia fosse um excelente ouvinte; talvez ela soubesse que é mais importante falar bem do que falar qualquer coisa.

Capítulo 7

Ser competente, mas não saber lidar com os outros

> Você não pode confiar nos seus olhos se a sua imaginação estiver fora de foco.
>
> — Mark Twain

EM MEU CONSULTÓRIO, vejo muitas pessoas tecnicamente competentes em seus empregos. Isso quer dizer que elas têm todas as habilidades necessárias para desempenharem suas funções, como fazer contas ou programar softwares. Elas são boas no que fazem.

Entretanto, por mais competentes que sejam, em geral essas pessoas não têm carisma. Elas não sabem lidar com pessoas. Na verdade, não se interessam muito por outras pessoas. No máximo, elas reclamam que pessoas menos capazes do que elas progridem.

Essas pessoas, que são competentes e pressupõem que têm todas as respostas referentes a técnicas ou procedimentos, em geral não têm inteligência emocional (IE) ou percepção para detectar vontades, necessidades e medos geralmente latentes dos outros e delas mesmas. Essa incapacidade de entender as indicações emocionais influencia muito as interações nos negócios. Sem IE, é como se estivéssemos sintonizados em apenas uma estação.

> A competência, assim como a verdade, a beleza e lentes de contato, está nos olhos do observador.
> — Dr. Laurence J. Peter

REPAREI QUE, muitas vezes, quanto mais as pessoas sobem no trabalho, mais vão se tornando indiferentes às opiniões dos outros (veja "Não aceitar outras opiniões"). Quando criança, pessoas assim geralmente tinham um excelente desempenho na escola. Pressionados, em especial por pais controladores mas omissos do ponto de vista emocional, esses "bons" alunos sofrem de falta de inteligência emocional. Crianças inteligentes que não recebem a atenção necessária para suprir suas necessidades emocionais aprendem que podem receber elogios dos pais, professores e outros adultos por meio de boas notas, certificados, prêmios, troféus, medalhas e outros indicadores externos de sucesso. Entretanto, se não forem igualmente estimuladas a criarem vínculos emocionais com outras pessoas, podem se tornar insensíveis.

Quando atingem seus objetivos, passam a ignorar mais ainda as necessidades emocionais dos outros. Por serem extremamente bem-sucedidas, começam a achar que só as suas opiniões é que valem a pena ser ouvidas. Têm dificuldades de respeitar os outros. Preocupadas em provar sua competência, ignoram sinais sutis, porém importantes. As pessoas vão ficando cada vez mais ressentidas com elas, e às vezes pode haver uma auto-sabotagem.

> Nós não vemos as coisas como elas são, nós as vemos como nós somos.
> — Anais Nin

VEJAMOS O EXEMPLO de Leonard, um gerente sênior que havia sido contratado por uma próspera empresa familiar de suprimentos. Leonard era um excelente gerente de projetos que havia vendido mais do que quase todos os vendedores de uma grande empresa nacional. Diziam que ele era uma estrela das vendas, e para o fundador/CEO era uma enorme satisfação tê-lo em sua equipe.

Embora competentíssimo, Leonard tinha um lado negro. Altamente competitivo, ele evitava oportunidades de socialização com os colegas. Era mesquinho quando se tratava de elogiar o trabalho dos outros. "Bom" era o melhor adjetivo que ele conseguia balbuciar para referir-se ao plano de um colega. Entretanto, na hora de criticar, ele o fazia com um entusiasmo mordaz. Certa vez escreveu o seguinte em um memorando: "Não faça mais isto comigo." Em outro, rabiscou: "Contratá-lo foi um erro?" De vez em quando, um membro da equipe reclamava da maneira como Leonard tratava seu chefe. Mas Leonard parecia não ligar. Preocupado apenas em vender e subir ao cargo de vice-presidente executivo, ele simplesmente ignorava todo mundo.

Durante o processo de avaliação anual, Leonard estava certo de que estariam ansiosos para promovê-lo. Mas houve um atraso em sua avaliação. Seu chefe estava postergando a conversa, pois relutava em questionar Leonard sobre suas parcas habilidades interpessoais, e não queria correr o risco de provocá-lo. Finalmente Leonard e seu chefe se reuniram, e Leonard ficou sabendo que o departamento de RH havia recomendado que não fosse promovido.

Como seu chefe havia previsto, Leonard ficou furioso com a notícia. Ele escreveu uma carta para seu antigo chefe, de outra empresa, explicando que estava pensando em pedir demissão. Infelizmente, ele deixou uma cópia da carta na impressora. Você pode imaginar como essa história terminou.

Por que pessoas competentes como Leonard, e talvez como você, se sabotam dessa maneira? Freqüentemente é porque sua auto-estima está diretamente ligada ao seu senso de competência.

Reparei que aqueles que são altamente competentes em áreas técnicas são com freqüência muito menos competentes quando se trata de questões interpessoais. Eles lutam para não sair de suas zonas de conforto, e essa resistência em geral se manifesta na forma de hostilidade. Muitas vezes essas pessoas fazem isso para esconder a timidez; elas compensam a timidez mostrando-se excessivamente competentes. (É interessante observar que em geral elas rapidamente concordam com minha análise da sua timidez e ficam aliviadas quando esse fator é identificado.)

Sua timidez secreta pode fazer com que, além de sentir-se pouco à vontade, você também se sinta incompetente e indefeso. Talvez evite situações que tragam à tona a sua timidez. Conseqüentemente, torna-se difícil para você não apenas agradecer, desculpar-se e parabenizar os outros com toda a sinceridade, mas também receber essas manifestações.

O que você pode fazer? Pode esperar até que sua incompetência em lidar com as pessoas supere sua fama de sabe-tudo e acabe com sua carreira, como aconteceu com Leonard. Mas isso não precisa acontecer. Basta você aprender a lidar com os outros.

Se você é alvo de mais de cinco conceitos equivocados por parte de terceiros, ou se tem mais de cinco conceitos equivocados sobre outras pessoas, de acordo com as tabelas você está prejudicando as suas chances de sucesso. As tabelas a seguir servem para ajudá-lo a conscientizar-se dos diversos equívocos que podem prejudicar suas relações interpessoais.

Dez conceitos equivocados de terceiros com relação a você

Você acha que é...	Mas os outros acham que você é...
Astuto	Sonso/matreiro
Confiante	Arrogante
Bem-humorado	Inconveniente
Dinâmico	Agitado demais
Uma pessoa que tem opiniões firmes	Dogmático
Apaixonado	Impulsivo
Forte	Rígido

Uma pessoa que considera os detalhes importantes	Exigente demais
Quieto	Passivo
Flexível	Indeciso

Dez conceitos equivocados que você tem de terceiros

Você acha que eles são...	*Mas talvez eles sejam...*
Movidos pela paixão	Movidos por fatos
Movidos por fatos	Movidos pela paixão
Alegres	Sérios
Sérios	Alegres
Pessoas em busca de um motivo para mergulhar de cabeça em um projeto	Pessoas em busca de um motivo para cair fora de um projeto
Pessoas em busca de um motivo para cair fora de um projeto	Pessoas em busca de um motivo para mergulhar de cabeça em um projeto
Pessoas que querem receber ordens	Pessoas que querem ser consultadas e ouvidas
Pessoas que precisam ser convencidas	Pessoas prontas para mergulhar de cabeça em um projeto
Pessoas prontas para mergulhar de cabeça em um projeto	Pessoas que precisam ser convencidas
Pessoas felizes com a empresa ou seus trabalhos	Pessoas que acham que a sua empresa (ou você) é o cão

> **PARA REFLETIR**
> O que os olhos não vêem *pode* ser prejudicial para você.

➤➤➤ Dicas de como agir

1. Analise as duas tabelas e conte o número de conceitos equivocados que você tem de terceiros ou que eles têm com relação a você.
2. Escolha pessoas que tenham conceitos equivocados.
3. Converse com elas, dizendo algo como:
    — Percebi que talvez esteja interpretando algumas coisas de maneira equivocada. Às vezes eu brinco com você sobre certas coisas que considero engraçadas, mas talvez você interprete isso de outra maneira ou talvez até mesmo se ofenda. É verdade? Como isso afeta a sua opinião sobre trabalhar para mim?
4. Depois de ouvir a resposta, procure não se defender. Em vez disso, reaja assim:
    — É mesmo? Eu não sabia que o efeito era tão negativo. Vou tentar não fazer mais isso.
5. Lembre-se: as pessoas torcerão mais por você se for um ex-cretino do que se for um cara legal porque é muito bom deixar de ter medo ou raiva de você. Assim, elas se dedicarão muito mais às tarefas realizadas para você e o ajudarão a vencer.

Capítulo 8

Ser mau ouvinte

> A razão do conhecimento é falar, a razão da sabedoria é ouvir.
>
> — Oliver Wendell Holmes

Participei de uma conferência para executivos em que solicitou-se aos participantes que falassem para a pessoa ao lado uma coisa que gostariam de fazer melhor. A pessoa ao meu lado virou-se para mim e disse, com um pouco de vergonha e culpa no olhar:

— Eu gostaria de saber ouvir melhor os outros.

Eu quase podia ouvir as vozes que ecoavam em sua mente, provavelmente da mulher e dos filhos, acusando-o de não saber ouvir.

Saber ouvir é uma das habilidades mais importantes, pois é algo que as pessoas realmente desejam que possamos oferecer. Infelizmente, existem poucas pessoas que realmente sabem ouvir. Não é nenhuma surpresa. Nosso mundo é tão repleto de ruídos que parece que precisamos gritar para sermos ouvidos. E com todas as nossas obrigações, saber ouvir mais parece um luxo.

É relativamente fácil diferenciar bons e maus ouvintes. Se observar as pessoas, você conseguirá identificar facilmente os tipos de ouvintes, dividindo-as entre estas quatro categorias: distante, reativo, responsável e receptivo.

Pessoas que se mostram *distantes* ao ouvir são as mais deprimentes, pois são incapazes de ouvir. É a falta de interação observada freqüentemente em casais idosos que provavelmente deveriam ter se separado há muito tempo, e agora mal se toleram: um dos dois fala sem parar, enquanto o outro lê o jornal ou vê televisão. A pessoa que não ouve está concentrada em outra atividade. Ouvintes distantes sentem-se atacados (ou acham que vão sentir-se assim) e distanciam-se como forma de prevenção. Eles se distanciam para se preservar: acham que, se começarem a escutar, serão sufocados pelo ruído e reagirão com raiva. Então eles simplesmente se desligam.

No trabalho, ouvintes distantes são aqueles que não param de olhar o relógio durante as reuniões. Eles não querem cooperar, têm mais a fazer. (Se você tem mania de não deixar os outros falarem, se acha superior, gosta de dar ordens e intimidar, as pessoas assumirão essa postura distante quando você falar com elas.)

> Não é possível escutar alguém de verdade enquanto estamos concentrados em outra atividade.
>
> — M. Scott Peck

Os ouvintes *reativos* são aqueles que não escutam os outros e apresentam um comportamento altamente subjetivo e emotivo. Os ouvintes reativos tendem a levar as coisas para o lado pessoal e reagem de diversas formas. Às vezes são sensíveis demais, e interpretam o que é dito como uma forma de crítica ou acusação (veja o capítulo "Ter a sensibilidade à flor da pele"). Outras vezes são pessoas impulsivas, que falam antes de pensar nas conseqüências (veja o capítulo "Ser impulsivo"). Se você é um ouvinte reativo no trabalho, ofende-se muito facilmente, fazendo com que os outros o considerem uma pessoa difícil de lidar.

O ouvinte *responsável* age da maneira como nós *deveríamos* agir no trabalho: ele se engaja em uma troca de informações pertinentes e úteis. Ouvintes responsáveis escutam para conhecer os fatos e agir com base neles. Se o seu chefe lhe dá instruções e você escuta de maneira responsável, você capta a mensagem e pode trabalhar em cima das informações fornecidas para fazer algo bem feito e adequadamente. Seu chefe ficará feliz por você captar a mensagem rapidamente e, se você conseguir atingir os objetivos desejados, pode passar a ser considerado um bom candidato a promoções.

> São necessárias duas pessoas para falar a verdade: uma para falar e outra para ouvir.
> — Henry David Thoreau

O OUVINTE RECEPTIVO é o mais nobre de todos, e ouve da maneira humana almejada por todos nós. Ele é empático: ouvintes receptivos sabem identificar o que está sendo dito além das palavras. Os ouvintes receptivos entendem o que você diz e sabem colocar-se no seu lugar. Wilfred Bion, um dos maiores psicanalistas do século XX, descreveu esse tipo de atitude como "ouvir sem memória ou desejo". Segundo ele, quando você ouve alguém com a memória, ouve o que está sendo dito de acordo com a sua vivência; quando ouve com desejo, tenta fazer com que o que for dito vá de encontro aos seus objetivos futuros. Ao ouvir o que está sendo dito sem memória e sem desejo, você se abre para captar o que está sendo comunicado explícita e implicitamente.

Para entender melhor esses níveis, imagine que bata à sua porta uma criança encharcada, morrendo de frio e tremendo como se estivesse tendo uma convulsão. Um ouvinte *distante* nem abre a porta. O ouvinte *reativo* culpa a criança e passa-lhe um sermão por ter ficado na chuva. O ouvinte *responsável* preocupa-se com o fato de a criança estar molhada e faz perguntas óbvias: você está com frio? Gostaria de se secar e aquecer?

O ouvinte *receptivo*, por sua vez, vê e sabe o que aconteceu. Convida a criança para entrar e diz:

— Nossa, você deve estar morrendo de frio. Entre. Tome um cobertor quentinho e roupas secas para se trocar.

No último caso, a criança é levada para dentro espontaneamente, sem ter de passar por um interrogatório, dar explicações óbvias ou ficar um bom tempo falando sobre o que aconteceu. A pessoa que a recebe sabe quais são as suas necessidades e trata de atendê-las.

Não é impossível treinar para ser um ouvinte receptivo, mas primeiro é preciso superar alguns maus hábitos desenvolvidos com o tempo, geralmente resultantes do fato de não termos tido alguém que nos ouvisse. Para tal, primeiro é necessário tornar-se um ouvinte ativo, ou seja, é preciso observar como você ouve os outros e observá-los quando estão ouvindo. Ao prestar atenção em seus sentimentos quando os outros falam com você e classificar os tipos de ouvintes, você pode definir metas mais ousadas.

Quando estiver falando, observe as reações de seus ouvintes: se as pessoas olham para tudo, menos para você, elas estão se distanciando (e, antes de reagir, analise a maneira como você está falando para causar esse comportamento por parte das pessoas). Se elas olham diretamente para você e parecem interessadas, você está conseguindo transformá-las em ouvintes receptivos.

> **PARA REFLETIR**
> Quanto mais você se esforçar para ouvir as pessoas procurando colocar-se no lugar delas, mais fácil será conseguir que elas atinjam os objetivos almejados por você.

➢➢➢ Dicas de como agir

1. Olhe nos olhos das pessoas quando elas estiverem falando com você.
2. Quando outra pessoa estiver falando, procure responder estas perguntas:

a. O que ela está querendo me dizer é que _____.
b. A razão para ele(a) estar me dizendo isso é _____.
c. Quando ela terminar de falar, o que ela espera que eu faça é _____.
d. O que ela teme que eu faça depois de ouvi-la é _____.
e. Pergunte à pessoa se as suas conclusões estão corretas. Sempre que você acertar, a pessoa responderá "sim" e terá a sensação de ter sido compreendida. Conseqüentemente ela será mais objetiva com você.
f. Se as suas conclusões estiverem erradas, peça à pessoa que esclareça suas intenções e repita o esclarecimento, da seguinte maneira:
— Vejamos se entendi: você quis dizer que _____.

Capítulo 9

Não ter autodisciplina

> Primeiro criamos nossos hábitos, depois eles nos criam.
>
> — Charles C. Noble

PHIL, DESIGNER gráfico, era um cara muito criativo. Infelizmente, ele sempre parecia estar a um passo do fracasso. Costumava chegar atrasado no trabalho. Quando estava trabalhando, passava de um projeto para outro, mas não finalizava nenhum. Ele era desleixado, e esse desleixo se refletia em seu espaço de trabalho. Assim, aumentava a impressão de que ele não tinha controle sobre as coisas ou dava a impressão de não se importar.

Sua supervisora era bem tolerante, pois também era uma pessoa criativa, e achava que Phil era o mais talentoso da equipe. Mas ele sempre parecia estar mais confuso e sobrecarregado do que o necessário. Sempre parecia haver alguma pequena falha em seus trabalhos que poderia ter sido evitada se ele tivesse o hábito de revê-los por completo antes de apresentá-los.

Embora os erros não tivessem grande impacto negativo sobre o produto, seus colegas de equipe não gostavam de ter que consertar suas falhas. Para eles, seu relaxamento era mais que descuido. Aos olhos dos colegas, ele parecia arrogante por achar que tudo seria resolvido e perdoado.

A produtividade de Phil era suficiente para evitar que ele corresse o risco de perder o emprego, mas ele também não corria o risco de ser promovido. Sempre que recebia uma avaliação do seu desempenho, sua chefe lembrava que ele precisava ter mais disciplina. Segundo ela, se ele planejasse melhor seus projetos, não precisaria se afobar tanto para concluí-los. Ela o inscreveu em um curso de gerenciamento de tempo, e isso pareceu melhorar a situação, mas apenas por um breve período. Não demorou muito para que Phil retomasse seus antigos hábitos.

O próprio Phil falava que precisava ser mais meticuloso. Quando se atrasava para uma reunião ou cometia um erro, pedia desculpas e dizia que gostaria de ter mais autodisciplina, que precisava se esforçar mais para atingir esse objetivo. Esse passou a ser o seu mantra.

Um dia, a chefe de Phil teve uma reação menos compreensiva:

— Phil, pare de reclamar da sua falta de disciplina — ela disse, secamente. — Parece que você está tentando me manipular para escapar de uma bronca toda vez que diz isso. Eu não vou mais passar a mão na sua cabeça, quero que você tome medidas para acabar com isso. Mude seu comportamento ou cale a boca.

Phil levou um susto. Ele estava prestes a dar uma resposta para se defender, mas tinha ficado tão arrasado que não conseguiu dizer nada. Algumas pessoas têm uma desculpa legítima para sua falta de disciplina; pessoas que sofrem do transtorno de déficit de atenção precisam lutar contra esse problema. Felizmente, muitos buscam e conseguem ajuda por intermédio da terapia. Mas em casos como o de Phil, em que não há uma causa biológica, a falta de disciplina é simplesmente um mau hábito. Assim como no caso de muitas condutas autodestrutivas, a falta de disciplina tem suas origens na maneira como você foi criado.

A mãe de Phil ficou doente quando ele era criança, e reinava um caos silencioso. A casa em geral estava uma bagunça, com louça por lavar, camas por fazer e roupa suja acumulada. Sempre que recebiam visitas, Phil simplesmente enfiava as roupas sujas no armário ou literalmente varria a sujeira para baixo do tapete.

Muitas vezes, Phil não terminava sua lição de casa. Seus professores davam tempo para que ele terminasse na sala de aula, mas condenavam em silêncio o fato de seus pais serem tão relapsos. Por viver em um mundo em que a autodisciplina não era considerada importante, Phil não aprendeu a valorizá-la. Em vez disso, ele aprendeu a fazer tudo "de qualquer maneira". Ele criou o hábito de deixar tudo para a última hora e inventar desculpas para seus deslizes.

Dan Sullivan, fundador da Strategic Coach, uma empresa de Toronto, dá palestras para ajudar pessoas que têm alto desempenho a assumir o controle de suas vidas "fora de controle". Ele observa que raramente ouve as pessoas usarem o termo "autodisciplina" de maneira construtiva. Segundo ele, em vez de ajudar as pessoas a encontrarem a solução, o termo é mais usado por elas em uma crítica a si mesmas ou a terceiros, como se fosse um defeito de caráter. Em suas palestras, Sullivan "permite" que os espectadores não tenham autodisciplina e pede que não usem mais esse termo para se descreverem. Ele explica que não é uma questão de não ter autodisciplina. É uma questão de hábitos. Pessoas bem-sucedidas têm hábitos diferentes de pessoas malsucedidas; pessoas felizes têm hábitos diferentes de pessoas infelizes. Ele enfatiza que são necessários 21 dias para substituir um mau hábito antigo por um novo hábito positivo.

A melhor forma de mudar os hábitos é adotar um novo hábito positivo que resulte em mais eficácia. O efeito disso é que passamos a sentir uma energia mais positiva. Assim, como costumam dizer, o sucesso traz mais sucesso, e você segue seu caminho em vez de ficar parado no meio do seu próprio caminho.

> A repetição do mesmo pensamento ou da mesma ação física se transforma em um hábito que, repetido com freqüência, torna-se um reflexo automático.
> — Norman Vincent Peale

PHIL CONSEGUIU se livrar de seus velhos hábitos exatamente dessa maneira. O comentário da sua chefe foi como um chute no traseiro. Fez com que ele refletisse sobre como agir de maneira diferente e, acima de tudo, como agir de maneira consistente e permanente para que ela visse que ele *era* capaz de mudar. Nos meses seguintes, Phil passou a rever seus trabalhos meticulosamente antes de apresentá-los à equipe. Ele descobriu que, ao terminar seus projetos um dia antes e deixá-los "descansando" até o dia seguinte, conseguia olhar sua produção com certo distanciamento e identificar as falhas que havia deixado passar. À medida que o novo hábito foi sendo incorporado, viu que não tinha mais motivos para reclamar da sua falta de disciplina ou inventar desculpas.

> O problema do mundo é que é muito mais fácil nos livrarmos dos bons do que dos maus hábitos.
> — W. Somerset Maugham

A EQUIPE de Phil passou a vê-lo com outros olhos. Sua chefe ficou aliviada:

— Quero pedir desculpas por achar que você *jamais* conseguiria mudar — disse. — Você provou que eu estava errada. E fez com que eu reavaliasse alguns dos *meus* maus hábitos que não permitiam que eu desse o melhor de mim.

PARA REFLETIR
A falta de disciplina não é uma falha de caráter. É um hábito que precisa ser descartado.

➢➢➢ Dicas de como agir

1. Uma ótima forma de começar com o pé direito é fazer com que as pessoas que estão frustradas com a sua falta de disciplina par-

ticipem do seu plano de melhoria. Identifique-as e considere-as como "partes interessadas".
2. Diga a essas pessoas que você está tentando melhorar e quer adotar novos hábitos que ajudem a recuperar o respeito que tinham por você. Diga que a sua meta é fazer com que tenham mais vontade de trabalhar com você.
3. Frescura demais para o seu gosto? Quer algo que afete os resultados? Pense nisso: quando você parar de irritar as pessoas com sua falta de consideração resultante de seus maus hábitos e passar a ter mais consideração e cortesia ao adotar novos hábitos, verá uma mudança drástica; elas deixarão de torcer contra você para torcerem a seu favor.

Capítulo 10

Perder tempo à toa

> Se jogar dinheiro fora, a única coisa perdida será dinheiro; se desperdiçar seu tempo, perderá parte de sua vida.
>
> — Michael Leboeuf

COM QUE FREQÜÊNCIA você se dá conta de que o dia ou a semana passou e parece que você não fez quase nada? Com que freqüência começa o dia com a melhor das intenções e quando vê já são cinco da tarde e você não fez muito desde as nove da manhã? O quanto você se penitencia depois de ver que perdeu outro dia sem conseguir fazer nada? Se essas perguntas lhe importunam de alguma maneira, talvez esteja na hora de fazer as coisas de outro modo.

É impressionante ver quantas pessoas perdem tempo no trabalho. Na edição de fevereiro de 2002 da *Harvard Business Review*, um artigo intitulado *"Beware the Busy Manager"* (Cuidado com o gerente ocupado) revelou o ponto a que chega a questão da perda de tempo. A pesquisa feita pelos autores mostrou que noventa por cento dos gerentes perde tempo procrastinando (veja o capítulo 1, "Procrastinar"), mergulhando em uma atividade frenética ou simplesmente sentindo-se fora de sintonia e inútil. Apenas dez por cento dos gerentes estudados trabalhavam para valer.

Ao que parece, quase todo mundo perde tempo, então por que isso seria um problema? É como tentar trabalhar durante a semana entre o Natal e o Ano Novo. Ninguém está olhando, então para que trabalhar?

Do ponto de vista pessoal, é simplesmente uma questão de eficácia, e abordarei esse assunto logo adiante. Se você quiser produzir algo no trabalho, precisa concentrar-se na eficiência.

De certa forma, é difícil concentrar-se porque o ambiente de trabalho parece ter sido criado para impedir a concentração. Interrupções, encheção de lingüiça e sistemas tolos são como um rio de águas rápidas, e os funcionários parecem salmões tentando nadar contra a corrente.

Lee Ryan, fundador e presidente da Ryan Miller Associates, de Los Angeles, não suporta a perda de tempo institucionalizada. Ryan não é um cara que tolera engambelações. A essência do recrutamento é encontrar o candidato certo para atender às necessidades específicas do cliente. Sendo assim, muitas empresas reúnem o maior número possível de candidatos e colocam-nos para ocupar o maior número de cargos possível, na esperança de que alguns dêem certo. Inicialmente, esse processo exige que sejam feitas ligações para os candidatos em potencial para o cargo (17, por exemplo, é um número razoável em empresas que costumam adotar essa prática). E quando o candidato escolhido não se encaixa, é preciso perder tempo com as desagradáveis ligações para os candidatos rejeitados. Por fim, liga-se para a empresa para pedir desculpas por ter enviado os candidatos errados. Em média, temos um total de 51 ligações para dar explicações.

— Independentemente das explicações, fica bem claro para todos que você não sabe direito o que está fazendo — diz Ryan, com um tom frustrado. — É uma perda de tempo imensa. Para nós, tempo é algo valioso demais para ser desperdiçado. É melhor dedicar-se logo de início a descobrir o quê e quem o cliente deseja para selecionar dois ou três candidatos com mais chances de atenderem às suas necessidades. Entretanto, muito poucas empresas trabalham assim.

> Reparei que a maioria das pessoas progride enquanto outras perdem tempo.
>
> — Henry Ford

PODE SER QUE você perca tempo por estar agindo de forma *reativa*, ou seja, porque não se esforça para encontrar tempo para pensar. Talvez você ache que fazer várias coisas rapidamente seja um sinal de eficiência. Muitas vezes, parece que você passa o dia inteiro no trabalho reagindo às coisas — e-mails, documentos, pedidos feitos por chefes, colegas e clientes, e assim por diante. É como se você fosse o menino holandês que conteve o vazamento da barragem tapando o buraco com o dedo. Tempo é um bem tão valioso, não seria correto parar para pensar. Entretanto, uma abordagem reativa com relação ao trabalho só leva ao pânico e a erros. Certa vez, um cliente disse que quando você acha que está certíssimo e descobre o contrário, fica paralisado; mais do que isso, o seu cérebro fica paralisado. Você começa a questionar todas as decisões que já tomou na vida.

Esta é a grande ironia: quando você pára e pensa — e estou falando de adotar a estratégia de pensar duas vezes antes de agir durante o dia, a semana e o mês de trabalho —, acaba *economizando* tempo, pois se torna mais eficaz e a qualidade do seu trabalho melhora. Deste modo, você passa a identificar sua prioridade, principalmente se várias pessoas estiverem pedindo que você execute tarefas que são importantes para elas. Você passa a descartar com mais facilidade as coisas que só servem para perder tempo. (Os e-mails, por exemplo, são uma das coisas que mais toma desnecessariamente o tempo das pessoas em todo o mundo.) Não é uma questão de definir prioridades de acordo com o grau de importância; é preciso determinar quem ficará mais nervoso se você não executar *bem* uma determinada tarefa.

> Tempo é o recurso mais escasso; se ele não for administrado, nada mais poderá ser administrado.
>
> — Peter F. Drucker

COMO ADOTAR uma abordagem mais ativa com relação ao trabalho? Ryan recomenda que você planeje com antecedência as metas a serem atingidas e a melhor maneira de atingi-las. No início de cada dia, dedique-se por alguns instantes às tarefas mais importantes — no máximo três por dia. Após concluí-las, você se sentirá muito mais produtivo.

> **PARA REFLETIR**
> Corrigir erros demora muito mais do que planejar o que deve ser feito para evitar que os erros sejam cometidos.

➢➢➢ Dicas de como agir

1. Comece com uma pequena lista de metas semanais de alta prioridade (no máximo três). Faça isso durante quatro semanas. Depois passe a traçar metas mensais.
2. Faça uma lista incluindo todas as maneiras pelas quais essas metas podem ser atingidas, sem deixar nenhuma das idéias que lhe vierem à mente de fora. Nessa lista, anote, além daquilo que precisa ser feito, aquilo que você precisa parar de fazer, o que precisa pedir que outras pessoas façam para você e as pessoas que você precisa contatar para avisar que não estará disponível a fim de que possa atingir suas metas.
3. Não se deixe levar por e-mails e telefonemas (a menos que sejam essenciais) antes de concluir uma tarefa importante na parte da manhã. Defina horários para ler e responder e-mails e falar ao telefone, assim como você tem o horário de trabalho.
4. Aprenda a dizer não. Se negar algo a algumas pessoas que não sejam seu chefe é algo que te deixa tenso, solicite a intervenção de seu supervisor mais "poderoso" ou do seu chefe para que avise

que você não está disponível, assim poderá fazer aquilo que seu chefe pediu (veja "Temer confrontos").

5. Se você identificar mais comportamentos compulsivos — olhar os e-mails a cada cinco minutos, fazer pausas longas ou ficar fora por muito tempo na hora do almoço, chegar atrasado no trabalho —, pergunte-se o que está causando tal frustração e desviando a sua atenção. Faça uma introspecção e identifique as mudanças em seu trabalho que poderiam diminuir rapidamente a sua frustração e a sua necessidade de desviar a atenção. Faça um intervalo de vinte minutos para exercitar-se um pouco e volte a trabalhar.

6. Peça ao seu chefe que o ajude a atingir resultados melhores e mais tangíveis.

Capítulo 11

Considerar-se indispensável

> Um homem só começa a atingir a sabedoria ao reconhecer que não é mais indispensável.
>
> — Richard Byrd

— ESTAMOS COM UM PROBLEMA.
Foi assim que começou o telefonema recebido de um gerente sênior de recursos humanos que me chamou para ajudar a empresa a resolver uma confusão com um executivo muito valorizado, mas difícil de lidar.

O "problema" dizia respeito a Anthony, que comandava a principal unidade da empresa, responsável por uma parcela significativa da sua receita há anos. Ele era carismático, ou seja, era um bom rosto para representar a empresa perante o público.

Anthony, recém-divorciado, andava animado demais. Em uma festa da empresa, ele apalpou uma de suas funcionárias na frente de várias pessoas. Não era a primeira de suas indiscrições em público. Entretanto, como ele era um excelente profissional, seus superiores em geral deixavam passar. Mas esse incidente havia passado dos limites. Havia sido uma bola fora, e as pessoas não paravam de falar sobre o assunto. Estava na boca do povo. Então o departamento de RH entrou em contato comigo.

Alguns funcionários altamente valorizados acham que suas habilidades especiais lhes dão carta branca para quebrar as regras. Mas o fato de gerar muitos negócios para uma empresa, como era o caso de Anthony, não dá a ninguém o direito de invadir o espaço de outras pessoas ou ignorar as regras do local de trabalho de um modo geral. Esse tipo de comportamento prejudica a liderança até mesmo das pessoas mais veneradas. Embora seja comum as pessoas afirmarem que ninguém é indispensável, muitas pessoas acabam acreditando que o são.

Quem são essas pessoas indispensáveis? Em geral são pessoas muito talentosas, altamente elogiadas ou que tenham uma habilidade rara. Às vezes elas são simplesmente brilhantes. Às vezes acumulam informações com o objetivo de manter seu status especial. (Para mim isso é a vingança dos nerds.)

> Os cemitérios estão cheios de pessoas indispensáveis.
> — Charles de Gaulle

OUTRAS VEZES o problema é o narcisismo, que o dicionário *Webster* define apenas como "egolatria, egocentrismo". Até certo ponto, todos podemos ser narcisistas, mas aqueles que se consideram indispensáveis, como Anthony, tendem a se achar pessoas incríveis.

Pessoas egocêntricas simplesmente acham-se mais espertas e melhores que as outras. A elas só importa a própria opinião, por isso em geral não ouvem o que os outros dizem (veja o capítulo "Não aceitar outras opiniões"). Por contribuírem significativamente para os resultados financeiros da empresa, essas pessoas são toleradas.

Se você já ouviu de uma ou duas pessoas corajosas que você é egocêntrico ou um mau ouvinte, é provável que a supercompensação seja uma característica dominante em sua vida. Você precisa provar algo ao mundo; você quer se vingar dele, quer que o mundo o ame ou quer conquistá-lo. É bem possível que não tenha recebido o amor e a atenção necessários durante sua infância, por isso tornou-se um adulto habituado a não pedir licença para nada. Talvez sinta-se isolado e, embora receba manifestações de admiração, elas não chegam a você.

Está sempre passando dos limites porque nada é suficiente para compensar aquilo que você não recebeu na infância.

Como superar essa crença de que você é indispensável? Em outras palavras, como deixar para trás esse egocentrismo? Em primeiro lugar, você tem que desejar isso de verdade. Em geral, alguém precisa trazer essas pessoas de volta à realidade para que elas se conscientizem desse problema. Foi isso que aconteceu com Anthony. Ele, que sempre havia se considerado um herói, agora era o bobo da corte. Ele foi demitido da empresa sob a alegação de assédio sexual, e teve dificuldades para encontrar um emprego depois disso porque sua fama chegou aos quatro cantos. De repente ele teve que admitir seu problema para si mesmo, e não foi uma experiência agradável. Se você se considera indispensável e ninguém o chamou para a realidade ainda, prepare-se: isso acontecerá mais cedo ou mais tarde.

> Eis a verdadeira perfeição do homem: descobrir suas próprias imperfeições.
>
> — Santo Agostinho

SE VOCÊ quiser vencer, lembre-se que as pessoas torcem mais para um cretino mudado do que para alguém que sempre foi simpático. Quando você muda para melhor, vinte por cento das pessoas torcem por você porque o admiram; os outros oitenta por cento torcem porque se sentem aliviados por não precisarem mais ter medo e ódio de você. Leve adiante seu plano de mudança, e começará a inspirar as pessoas a melhorarem e mudarem porque acham que se você foi capaz de mudar, elas também o são. Depois disso, elas darão o melhor de si por você.

> **PARA REFLETIR**
> Por que agir de modo que faça com que as pessoas tenham ânsias de matá-lo se você pode torná-las suas admiradoras a ponto de quererem matar *por* você?

▶▶▶ Dicas de como agir

1. Acabe com o cretino que existe em você. Primeiro faça uma lista das coisas que acha que só você sabe fazer. Em seguida, faça uma lista das pessoas capazes de fazer essas coisas. (Se você não conseguir fazer essa lista, é porque não está sendo honesto consigo mesmo, portanto tente outra vez.)
2. Depois pergunte a si mesmo que tipo de comportamento seu incomoda os outros a ponto de já terem chamado a sua atenção para ele, direta ou indiretamente?
3. Pense em alguém que lhe seja querido (pode ser alguém que ainda esteja vivo ou que já tenha falecido) e que esteja ou ficaria desapontado com a sua conduta. Se você ficar envergonhado, está no caminho certo. Pense nas pessoas que foram afetadas por sua conduta e peça-lhes desculpas sinceras.

Encontre alguém que seja franco com você e lhe diga quando estiver agindo como um cretino; em seguida, trabalhe para acabar com esse hábito.

Capítulo 12

Agradar as pessoas

> Se quiser o respeito dos outros, acima de tudo respeite a si mesmo. Somente assim, por intermédio do respeito por si mesmo, levará os outros a respeitarem-no.
>
> — Fyodor Dostoyevsky

RAYMOND TRABALHAVA para um atacadista de equipamentos elétricos de Los Angeles quando alguns problemas de família forçaram o gerente de vendas a se mudar da cidade de uma hora para outra. Raymond era popular entre os clientes e seus colegas, por isso foi escolhido pelo dono para assumir o cargo vago.

Entretanto, como nunca havia ocupado um cargo de gerência, Raymond não sabia onde começar.

— Foi horrível — lembrou. — Como não queria chatear as pessoas que trabalhavam para mim, eu livrava a cara delas, interferia e mitigava os problemas. Eu queria que todos gostassem de mim, mas eles abusavam da minha boa vontade.

Raymond não sabia como exigir o respeito necessário para que seus funcionários assumissem responsabilidade por suas ações. Assim ele se transformou em uma pessoa infeliz: era o chefe apenas no cargo, mas ninguém o tratava como chefe, e definitivamente ele não se sentia como um chefe.

Depois de vários meses, ele se cansou dos conflitos e começou a se isolar em seu escritório. Então alguns vendedores começaram a destratar os clientes, que reclamavam com o proprietário. Somente após receber um sermão muito sério Raymond decidiu que a situação já havia passado dos limites.

Estréias desastrosas no mundo da gerência são comuns. Novos gerentes freqüentemente cometem o pecado de terem muita vontade de agradar, abrindo mão do controle, ou de serem excessivamente controladores, desencadeando motins. Gerenciar outras pessoas pela primeira vez é uma tarefa estranha e difícil. Mas não são apenas novos gerentes que têm problemas quando fazem de tudo para que as pessoas gostem deles.

Essa vontade de agradar as pessoas é como um bumerangue: quanto mais você tenta fazer com que as pessoas gostem de você, menos elas gostam, e menos o respeitam. Aqueles que gostam de agradar os outros são como filhotes que precisam de atenção. No início, são umas gracinhas, mas tornam-se irritantes quando não param. Conheço uma mulher que era tão exagerada no sentido de procurar agradar as pessoas que estas muitas vezes se esforçavam ao máximo para afetar seu equilíbrio e despertar a sua raiva. Quando alguém a fez chorar, ela me perguntou:

— Por que essa pessoa fez isso comigo?

— Porque você estava pedindo — respondi.

> Jamais considere uma vantagem para você algo que venha a fazer com que quebre uma promessa ou perca sua auto-estima.
>
> — Marco Aurélio Antonino

Por que você se esforça tanto para obter a aprovação dos outros? Do ponto de vista psicológico, não é tão complicado assim, embora você esteja agindo de maneira equivocada, pois está tentando consertar o passado. (Pessoas que crescem com alcoólatras costumam se esforçar para agradar os outros: a síndrome da co-dependência se instala e cria raízes em pessoas da família que fazem qualquer coisa para manter a paz em meio ao caos que é viver com um alcoólatra ou em um lar com outro tipo de disfunção.)

E você anseia por receber a atenção positiva que lhe foi negada na infância. É provável que você também tenha descoberto que conseguia manipular os professores e adultos que não eram seus pais sendo "bom", "gentil", "legal" e "eficiente" — ou de alguma outra maneira. Por agradar as pessoas, você conseguia a aprovação e atenção desejadas. Sempre funcionou como um mecanismo de controle e para lidar com seus problemas, pelo menos a curto prazo. Mas a longo prazo é um fracasso.

As mulheres são mais propensas ao desejo de agradar os outros porque sua auto-estima é afetada diretamente por seus relacionamentos. Elas costumam achar que, se forem queridas, serão pessoas melhores. Se não forem, não valerão nada. Por outro lado, em geral o que afeta a auto-estima dos homens é a competência. Eles acham que, se forem competentes, serão pessoas melhores. Se não forem, não valerão nada.

A seguir apresento comportamentos típicos de pessoas que se esforçam para agradar os outros. Elas podem apresentar alguns desses comportamentos ou todos eles. Primeiro elas se tornam pessoas superqualificadas, se esforçam ao máximo para atingir seus objetivos e receber os consequentes elogios. Em segundo lugar, costumam ter uma mania compulsiva (nada plácida) de organização para reduzir as chances de errar ou deixar tudo em desordem. Em terceiro lugar, elas acalmam as pessoas para que estas não fiquem nervosas. Em quarto lugar, são pessoas simpáticas, calorosas, sociáveis, prestativas, criativas, alegres, incentivadoras, positivas e cooperativas porque acham que assim sobem no conceito dos outros. Em quinto lugar, oferecem-se como voluntárias para trabalhar em novos projetos, aceitam novas tarefas, atendem os pedidos e são consideradas calorosas e amigáveis para que as pessoas sempre pensem coisas boas sobre elas.

Todas essas são boas qualidades, certo? Sim e não.

> Um "não" pronunciado com convicção profunda é muito mais importante que um "sim" dito para agradar, ser simpático ou, o que é pior, evitar problemas.
>
> — Mahatma Gandhi

AGRADAR AS PESSOAS pode ser uma técnica de sedução encantadora na infância, mas na idade adulta leva a diversos tipos de problemas. Em vez de ouvir a sua voz interior, você se condiciona a ouvir os outros. Impor limites é um problema para você. Para conseguir a aprovação dos outros você tem dificuldades para dizer "não". Você assume responsabilidades demais. Quer ser amado, por isso confia demais nas pessoas, e acaba abrindo mão do seu poder. Algumas vezes, pode até ser que você tenha enfrentado situações perigosas. E o pior de tudo é que assim perde o respeito das pessoas por quem você mais deseja ser respeitado. É hora de parar.

Isso quer dizer que você não pode mais ser legal? De jeito nenhum. Quer dizer que você precisa imaginar que as pessoas são como sinais de trânsito: no vermelho, você tem que parar, no amarelo, ter atenção, e no verde, seguir. Classifique as pessoas de acordo com essa convenção. Crie uma estrutura diferente para você. Em vez de ser um filhote que implora por um carinho na cabeça, coloque-se no lugar do dono, do líder da matilha, uma pessoa por quem você gostaria de ser respeitado.

Os líderes impõem limites. Para se tornar um líder, você precisa definir limites para se proteger e respeitar. Ponha-se no lugar daquele filhotinho que você costumava ser, que precisava tanto de atenção e carinho. Esse cãozinho não quer obter uma aprovação superficial, ele quer algo muito mais profundo: um bom líder que seja gentil, lhe sirva de mentor, mostre os caminhos e o ame, mas que também seja seu professor e faça valer as regras.

Um bom dono não permite que um filhote corra para o meio de uma rua movimentada. Em vez disso, ensina o filhote a ser cauteloso. Um bom dono ensina ao filhote que, ao se deparar com uma situação de perigo, deverá saber definir se precisa correr ou lutar, ensina a diferença entre pessoas boas e más, e assim por diante. Você é um filhote adulto que precisa de orientação e cuidados de um líder gentil, mas firme. Agora seja o líder. Defina seus limites. Determine regras para si mesmo.

> Empoderar-se é aprender a respeitar as músicas dos outros, e dançar conforme a sua própria música à medida que você vai dominando a harmonia dentro de si mesmo.
>
> — Doc Childre

DURANTE O PROCESSO de recuperação da compulsão de querer agradar os outros, você também precisa ensinar seu filhote interno a dizer não. Se você ocupa um cargo de supervisão, treine a tática de delegação de poderes (veja o capítulo "Não delegar"). Se você não é supervisor e as pessoas te pedem que faça coisas que tomam seu tempo, mas não fazem com que você progrida em sua carreira, diga não. Não tem problema. O céu não vai cair.

Pare de tentar ser amigo de todos. É claro que é importante ser *amigável*, mas mantenha certa distância no trabalho. Isso não quer dizer que tem que parar de sair para almoçar com seus velhos amigos se tiver sido promovido, mas não tem de ser amigo das pessoas só porque elas trabalham com você. Para impor respeito, você precisa saber dizer não quando as pessoas não te pedem coisas razoáveis. Você pode fazer com que elas respeitem ou gostem de você, pode liderar ou não. Só você pode decidir.

PARA REFLETIR
Se você abrir mão de ser respeitado para que as pessoas gostem de você, não conseguirá uma coisa nem outra.

➤➤➤ Dicas de como agir

1. Se algumas pessoas (um chefe, colegas de trabalho) desenvolvessem um respeito maior por você, talvez você fosse mais bem-sucedido. Pergunte-se quem são essas pessoas e faça uma lista com seus nomes.
2. Qual o sentimento predominante dessas pessoas com relação a você? Elas gostam de você ou o respeitam? Se você achar que deseja que elas o respeitem mais, siga o procedimento descrito a seguir.
3. Identifique um comportamento específico, que possa ser observado, que seja consistente, que possa adotar com relação a cada uma dessas pessoas e que você ache que faria com que elas o respeitassem mais.
4. Pergunte a cada uma dessas pessoas se o comportamento escolhido melhoraria a relação profissional entre vocês. Se a resposta for negativa, pergunte a elas que outra conduta você poderia trabalhar para aumentar a produtividade da relação profissional de vocês.
5. Se elas sugerirem algo que esteja ao seu alcance, concorde em fazê-lo. (Se elas ficarem sem graça, podem optar por concordar com a sua sugestão.) Diga a elas que você entrará em contato periodicamente para saber se a nova conduta está surtindo efeito.
6. Não se esqueça de agradecer após a conversa, e torne a agradecer no dia seguinte.
7. NÃO execute este processo se não estiver disposto a assumir o compromisso de levá-lo adiante.

Capítulo 13

Sentir-se culpado

> A culpa está para a consciência como a ferrugem está para o ferro: a culpa macula e desgasta a consciência, corroendo-a e tomando conta dela, assim como a ferrugem corrói a essência e a substância do metal.
>
> — Bispo Robert South

— **Você demitiu todo mundo** que trabalhava na Universal Studios. Não ficou com sentimento de culpa?

Perguntei isso a Al Dorskind, ex-alto executivo da MCA, depois da compra da Universal Studios pela sua empresa vários anos antes. Segundo Al, as pessoas que trabalhavam na Universal estavam habituadas a fazer filmes. Não estavam acostumadas com a disciplina rígida necessária para produzir programas de TV. Elas não estavam entendendo o que se esperava delas, por isso Al demitiu todos, e eles tiveram que se candidatar novamente para ocuparem seus antigos cargos.

— Não achei divertido fazer isso, mas foi bom eu ter agido assim, pois essa atitude salvou o estúdio — ele respondeu.

Eu ainda não havia entendido bem o que ele queria dizer, pois ficava imaginando quanta culpa eu teria sentido em seu lugar. Al sentiu meu conflito e explicou:

— Por que eu deveria sentir-me culpado? Eu não havia feito nada de errado. O desempenho dessas pessoas era fraco, e era minha responsabilidade manter a empresa de pé. — Ele parou por alguns instantes e ficou me olhando, lendo meus pensamentos. — Mark, as pessoas podem ficar magoadas, mas isso não quer dizer que foi *você* quem as prejudicou.

Esse último comentário de Al fez com que eu visse a diferença entre *sentir-se* culpado e *ser* culpado. Também percebi que a sensação de culpa pode ser uma grande perda de tempo. Ao sentir-se culpado, você deixa o sentimento corroê-lo. Você fica preso em uma situação em que não há nada a ganhar.

Vejamos o caso de Deborah, uma gerente de relações públicas de uma grande empresa de software, responsável por uma equipe de cinco pessoas. Quando Deborah foi promovida, Joe, um membro da equipe, ficou ressentido: ele se considerava mais qualificado para o cargo. Deborah sentiu-se culpada por ter vencido Joe na batalha pela promoção. Por causa disso, ela ficava tentando amenizar os sentimentos dele.

Ela levava Joe para almoçar com freqüência; sondava se ele estava aborrecido ou feliz, para evitar confrontos; elogiava seu trabalho na frente de todos, e os outros membros da equipe começaram a achar que ela estava exagerando.

Mas Joe considerava a atitude de Deborah um sinal de fraqueza, achava que ela não tinha talento gerencial, e comentava isso pelas suas costas. Deborah achava que Joe tinha problemas, mas continuava achando que conseguiria mudar seu comportamento. Logo o funcionário venenoso conseguiu virar o resto da equipe contra Deborah, que viu o resultado em suas próprias avaliações de desempenho.

> Nunca contrabandeei nada. Então por que tenho uma sensação desagradável de culpa sempre que me aproximo de um posto da alfândega?
>
> — John Steinbeck

NÃO HÁ NADA como o sentimento de culpa para diferenciar os líderes bem-sucedidos dos malsucedidos. Para liderar você precisa tomar decisões muitas vezes difíceis com relação às quais precisa ser firme, mesmo que o resultado seja pessoas magoadas ou desapontadas.

Por que algumas pessoas têm a sensação de terem feito algo errado embora isso não seja verdade? Se você parar para pensar, verá que as pessoas que se sentem culpadas têm motivos muito simpáticos para tal. Elas se responsabilizam por terem magoado e desapontado outras pessoas como se tivessem causado esses sentimentos. Elas se sentem compelidas a dar algo em troca ou acertar as coisas. Sentem-se assim porque não conseguem tolerar a idéia de que alguém possa estar chateado com elas.

Se você costuma sentir-se culpado, é provável que tenha crescido em um ambiente em que a culpa era um trunfo (isso costuma ocorrer com freqüência em famílias com uma postura religiosa rígida). Certamente faziam com que você se sentisse responsável pela felicidade de outro membro da família, provavelmente do pai ou da mãe. Como você dependia de seus pais, tinha medo de perdê-los; desapontá-los era algo que só poderia ser feito por sua própria conta e risco.

Com o passar do tempo, inconscientemente você determina que a culpa sempre foi parte integrante de você, assim como suas mãos ou a cor de seus olhos. Talvez também tenha descoberto que a culpa é um excelente instrumento de motivação, e que já foi útil para você em algumas situações. Talvez você seja perfeccionista, do tipo que sempre tira boas notas e recebe boas avaliações dos funcionários, e sinta-se culpado se não atingir os níveis que considera adequados.

Infelizmente, a culpa não leva a lugar nenhum. Ela traz uma sensação de tristeza, vazio e arrependimento, não a felicidade que você merece. Em termos simples, a culpa é uma escolha sua e impede um bom desempenho. Quando você executa tarefas, no trabalho, movido pela culpa, pode encontrar diversos obstáculos. Talvez você seja incapaz de negar algo e acabe assumindo compromissos demais, sentindo-se obrigado a fazer mais do que pode. Talvez você considere o seu desempenho ruim, embora esteja enganado sobre isso, e passe a maior parte do tempo tentando melhorar seus pontos fracos em vez de destacar seus pontos fortes. Ou seja ligeiramente paranóico, como se estivesse em uma casa de espelhos. Talvez você tenha uma postura obsessiva com relação aos seus erros.

> A culpa é a raiva voltada para nós mesmos.
> — Peter McWilliams

SE VOCÊ sentir culpa sem razão, é importante definir limites entre suas responsabilidades e as responsabilidades dos outros.

> ***PARA REFLETIR***
> Sentir-se culpado e ser culpado são duas coisas diferentes, não as confunda.

➢➢➢ Dicas de como agir

1. Da próxima vez que sentir-se culpado em relação a algo que envolva você e outra pessoa, pergunte-se:
   - Quais as responsabilidades da outra pessoa? O que eu espero dela? Minhas expectativas são justas e razoáveis, considerando as responsabilidades relacionadas ao seu cargo?
   - Quais as minhas responsabilidades? Estou assumindo mais responsabilidades do que o necessário ou razoável?
2. Faça uma lista de todas as pessoas com quem trabalha e que fazem com que você tenha esse sentimento de culpa; faça as mesmas perguntas sobre o seu papel e o papel delas.
3. Se ainda estiver confuso, não tire conclusões precipitadas. Em vez disso, converse com as pessoas que despertam em você esse sentimento de culpa e procure esclarecer suas expectativas e responsabilidades.

Capítulo 14

Não saber aceitar não como resposta

> Identifica-se um homem inteligente pelas suas respostas. Identifica-se um sábio pelas suas perguntas.
>
> — Naguib Mahfouz

HÁ POUCO TEMPO, me contaram uma história sobre um consultor muito confiante que estava tentando fechar negócio com uma fábrica de médio porte. A empresa marcou uma entrevista com ele para que falasse sobre a proposta que havia apresentado. Ele foi recebido calorosamente, e achou que o negócio era certo.

Entretanto, quando a empresa tornou a entrar em contato com algumas perguntas, ele passou a agir de maneira defensiva. A reação do consultor não agradou o executivo, que passou a analisar as outras propostas, e escolheu a vencedora.

Quando entrou em contato com o fornecedor para dar a má notícia, este ficou furioso. Para ele, um "não" era um convite à guerra.

— Como você pode contratar esses caras? — falou, referindo-se ao concorrente. — Minha solução é perfeita para a sua empresa — afirmou para o executivo. — Na minha proposta, eu dei todas as informações necessárias.

Ele acusou a empresa de ter agido de má-fé.

Entretanto, com o tempo esse consultor foi criando fama de arrogante e intransigente, o que afetou seus negócios.

> Os inteligentes falam, os sábios escutam.
> — Jimi Hendrix

SEM DÚVIDA ALGUMA é difícil receber um "não" como resposta. Uma das notícias mais difíceis que podemos dar a alguém é dizer à pessoa que ela tem câncer. Essa doença impronunciável para muitos, que anuncia a possibilidade de morte, é capaz de acabar com a mais persistente negação de pacientes e médicos. Às vezes um paciente chega reclamando de uma tosse; o médico faz exames; reina a esperança. O paciente pergunta o tempo todo se ficará bem. Entretanto, quando os raios-X e exames ficam prontos, vem à tona a dura realidade em preto e branco, e talvez a resposta seja "Não, você não vai ficar bem".

Quando ainda era um jovem residente de psiquiatria da UCLA, trabalhei no setor de oncologia. Parte do meu trabalho era fazer com que meus pacientes se guiassem pela filosofia de esperar o melhor e fazer planos para o pior. Na minha opinião, isso fazia com que tivessem certa flexibilidade para organizar seus lares e seus pensamentos. Também me ajudava, como médico, a enfrentar a possibilidade de sobrevivência ou morte junto com eles.

Hoje ainda visito pacientes em estágio terminal. Nesses casos, o "não" é definitivo. Não, não temos conhecimento de outras opções. Não, eles não ficarão bem. A única opção a partir desse ponto é com relação a como lidar com a má notícia. Algumas pessoas, como o consultor mencionado, lutam contra ela, o que as acaba prejudicando. Outras aceitam a notícia de maneira sublime, sentem-se em paz com seu destino e seguem em frente. Conheci muitas pessoas à beira da morte que deram a volta por cima após o derradeiro "não" e seguiram em frente com grande dignidade, deixando suas famílias imensamente orgulhosas e aliviadas.

No mundo dos negócios, apesar de todas as dificuldades enfrentadas, a questão não é de vida ou morte: é uma questão de escolhas. Na vida profissional, como disse certa vez um de meus mentores, Dr. Edwin Shneidman, autoridade em questões relacionadas à morte, sempre há um tratamento e, às vezes, uma cura. Nos negócios, a diferença entre pessoas que não conseguem aceitar um não como resposta e aquelas que conseguem é simples. As pessoas que sabem lidar com a negativa têm um plano B. Pessoas como o consultor arrogante ou os CEOs de empresas como a Enron e a Worldcom não têm um plano B e apresentam mais dificuldades para lidar com uma resposta negativa. Isso ocorre porque apostaram todas as suas fichas numa coisa só; por acreditarem que são melhores que os outros, nunca têm planos para se o pior acontecer.

Mas ter um plano B significa que você já está se preparando para a possibilidade de derrota? Você está sendo pessimista demais? A resposta, breve e simples, é não. Você está sendo realista. O consultor poderia ter encontrado várias formas de fechar um negócio com a empresa em vez de recusar-se a abrir mão de tudo o que queria. Ele poderia ter ouvido, feito um acordo e chegado a uma proposta interessante para ambas as partes. Em vez disso, preferiu considerar o negócio uma batalha e um jogo de tudo ou nada: para vencer, ele achava que o concorrente tinha que perder.

Para algumas pessoas, uma resposta negativa não é uma derrota; é um convite para transformar um não em um sim. Mas isso não quer dizer que seja necessário reagir com agressividade; é preciso ser inteligente e saber ouvir os argumentos do outro com respeito. Vejamos o caso de Walter Dunn, ex-vice-presidente executivo da Coca-Cola, um profissional extremamente sábio e bem-sucedido que trabalhou durante muitos anos com o estimado ex-presidente da empresa, Donald Keough.

Walter estava tentando fechar negócio com uma das maiores cadeias de cinema dos EUA. Depois de investidos muito tempo e esforço no negócio, o gerente da conta da cadeia de cinemas disse a Walter que sentia muito, mas havia decidido fechar com a Pepsi.

Desapontado, porém determinado, Walter reagiu perguntando quais as perguntas que ele havia deixado de fazer, quais as preocupações que ele não havia conseguido abordar para que o gerente optasse pelo concorrente.

O gerente da cadeia de cinemas respondeu que a Pepsi havia se oferecido para ajudar a financiar uma nova campanha para reformar as salas de cinema. Talvez ele tivesse ganhado a concorrência se tivesse perguntado quais as reformas planejadas, encontrando uma maneira criativa de ajudá-los neste sentido.

Sem pestanejar, Walter respondeu:

— Bem, nós *ainda* podemos fazer isso.

A Coca-Cola desenvolveu um plano de marketing conjunto com a cadeia de cinemas, fez um investimento para ajudar a financiar as reformas e ganhou a conta.

> O mundo trocou a certeza de um relógio pelo acaso de uma máquina de fliperama.
>
> — Heinz Pagels

O PLANO B de Walter tinha quatro elementos. Primeiro ele fez uma pergunta inteligente, mostrando que sabia ouvir. Em vez de se defender, pediu esclarecimentos. Em segundo lugar, ele não agiu de maneira hostil e não ficou magoado. Com dignidade, ganhou o respeito do gerente da cadeia de cinemas. Em terceiro lugar, ele usou esse respeito para abrir uma nova janela de oportunidade.

Por fim, Walter entendeu que precisava oferecer ao gerente uma proposta alternativa forte para ser apresentada ao seu chefe, ajudando a construir uma boa imagem para o gerente. Walter provou que é a maneira como reagimos a um não que realmente importa.

Um bom plano B permite que você tenha uma reação digna quando recebe um não como resposta. Se você agir com dignidade, maiores serão as suas chances de receber um sim.

> **PARA REFLETIR**
> Um bom plano B permite que você aceite um "não" como resposta com mais facilidade.

➤➤➤ Dicas de como agir

1. Pense na última vez que você pediu algo a outra pessoa. Qual foi a sua reação?
2. Se você tiver reagido mal, pense em dois planos alternativos e em reações diferentes que poderiam tê-lo ajudado a virar o jogo.
3. Ponha-se no lugar da outra pessoa naquele momento. O que você poderia ter oferecido a ela para virar o jogo?
4. Como você irá se preparar para a próxima vez em que receber um "não" como resposta?

Capítulo 15

Não saber perdoar

Não há vingança tão completa quanto o perdão.

— Josh Billings

ERA A PIOR MANEIRA de se despedir de um emprego que, exceto por aquele incidente, era um bom emprego. Arlene, gerente de contabilidade de uma empresa há sete anos, "finalmente" havia tomado coragem para enfrentar seu chefe, o diretor financeiro, em uma reunião. Ela falou em alto e bom tom, diante de todo o departamento, que não poderia mais trabalhar para ele, nem para uma empresa que não conseguia fazer valer as regras contra o assédio sexual.

Abalada, mas orgulhosa, ela se retirou e voltou para a sua escrivaninha. Em poucos minutos, chegaram dois seguranças e o diretor de recursos humanos. Entregaram a ela uma caixa e ordenaram que pegasse seus pertences pessoais. Ficaram esperando ao lado, observando-a, o que provocou cochichos entre os colegas, que ficaram assistindo à cena, de pé nos corredores. Em seguida, pediram a ela que devolvesse seu crachá e acompanharam-na até a saída diante de dúzias de funcionários que cochichavam, espantados, espiando para fora de seus cubículos para ver o que estava acontecendo.

Além de envergonhada, Arlene ficou furiosa. A "escolta" sem cerimônia só serviu para aumentar sua raiva. A primeira coisa que fez foi ligar para um repórter de um jornal local oferecendo detalhes sobre a sua denúncia. Em seguida, entrou em contato com um advogado. Ela jurou que se vingaria, e não importava que o processo fosse longo. (Não, ela não resolveu sair atirando por aí. Tragicamente, muitas outras pessoas que se sentem injustiçadas por seus patrões fazem isso.)

Já se passaram três anos após o ocorrido, e Arlene, que cria sozinha seus dois filhos, ainda sente-se consumida pela raiva e frustração causadas pela maneira como foi tratada. Ela achou o tratamento parcial, injusto e hostil, principalmente levando-se em conta os anos durante os quais havia se dedicado ao seu trabalho. Sua raiva tomou conta de sua vida de tal maneira que seus filhos sofrem por conta disso, pois uma mãe tão abalada por um sentimento negativo acaba se tornando ausente.

Esquecer o passado e seguir adiante é algo difícil para qualquer um. Pequenas agressões (como a falta de respeito no trânsito) podem nos irritar, mas em geral não reagimos atacando todo mundo no trânsito. Grandes desilusões, no entanto, podem nos afetar pelo resto da vida, se permitirmos que isso aconteça. Já vi pessoas se recusarem a superar seus divórcios, saboreando a raiva como se fosse um gim-tônica.

Por outro lado, imagino as pessoas que têm que encarar os assassinos de seus filhos, e sinto um frio na espinha. Como elas conseguem? Surpreendentemente, elas recorrem ao perdão. Elas sabem que a vida continua e que precisam reagir se quiserem que o resto de suas vidas tenha algum sentido. Eu as admiro demais.

Quando algo ruim acontece com você no trabalho, sentimentos como vergonha, mágoa, raiva e frustração podem feri-lo profundamente, embora em um grau e uma dimensão diferentes. Não estou dizendo que Arlene deveria ter agüentado tudo calada. De jeito nenhum. Mas ela poderia ter controlado melhor a maneira como lidou com as conseqüências, embora não tenha se dado conta do seu poder neste sentido.

> Os fracos não conseguem perdoar. O perdão é um dom dos fortes.
>
> — Mahatma Gandhi

O AMBIENTE de trabalho é cheio de injustiças, como falhas nas políticas da empresa, executivos gananciosos, intenções questionáveis e a podridão das panelinhas. A maioria das pessoas agüenta o fogo cerrado das agruras do ambiente de trabalho em nome de um contracheque (e isso obviamente traz diversos problemas como conseqüência). Felizmente, na maioria das empresas os funcionários têm a quem recorrer quando acham que foram vítimas de alguma injustiça, assim pode-se chegar a um acordo pacífico antes que muito danos sejam causados. A diferença entre Arlene e um profissional mais bem-sucedido é que este não precisa sentir-se ferido, por isso consegue encontrar formas mais objetivas de lidar com os problemas.

Então por que você se deixa levar pela raiva? Francamente, é porque você sente um barato qualquer quando está com raiva; uma sensação de poder porque você se acha no "direito" de sentir-se injustiçado. Não saber perdoar é uma identidade. Ser uma pessoa injustiçada e uma essência do seu "ser". A raiva permite que você se feche para o diálogo e outros pontos de vista, como se estivesse usando um par de fones de ouvido que só tocam o mesmo disco, bem alto, afirmando que só você está certo. A amargura reforça a sensação de que você é quem está certo. A sensação de estar certo é estranhamente boa.

E, sinto muito dizer isso, mas não saber perdoar é, sem dúvida alguma, como um bumerangue, que volta e atinge você. Cada momento perdido concentrando-se naqueles que o prejudicaram é um momento em que você ignora as pessoas que se importam com você. Sempre que você deixa de dar valor e agradecer às pessoas que trazem coisas boas para a sua vida, as pessoas ruins vencem.

Arlene, por exemplo, agora tem um emprego para o qual ela é superqualificada e recebe metade do seu salário anterior. O processo continua se arrastando e não se sabe quando terminará, e ela já gastou todas as suas economias com os honorários advocatícios. Seu ex-chefe ainda está comandando o departamento na antiga empresa, e não foram registradas mais denúncias de assédio. Quando alguns ex-colegas ligavam para saber como estava, Arlene disparava uma ladainha sem fim que os surpreendia e acabava por afastá-los (veja o capítulo "Confundir um desabafo com críticas duras"). Afinal, eles continuavam ocupando seus cargos e aquilo havia acontecido há muito tempo. Então, eles simplesmente deixaram de ligar.

Não saber perdoar é algo que causa uma dor constante. Se você resolvesse deixar tudo para trás e seguir em frente, não saberia como agir, pois a raiva já faz parte do seu ser. É provável que você tenha perdido meses ou anos da sua vida por causa dessa raiva tão venerada. Isso é jogar fora uma boa vida.

Se você quer ser bem-sucedido, comece libertando-se. Veja a ironia: "Perdoar não tem nada a ver com aqueles que estão sendo perdoados. Perdoar é se libertar." Se você quiser seguir em frente, prosperar e ser bem-sucedido na vida, *supere isso*.

> Para perdoar, precisamos cuspir o anzol.
> — Dr. Ed Hallowell

O SEGREDO do perdão é entender por que a pessoa que você considera sua inimiga agiu de determinada maneira. É provável que a pessoa compartilhe dos seus instintos de auto-sabotagem. Busque um sentimento de empatia com essa pessoa. Pergunte-se por que essa pessoa fez o que fez, e procure responder a pergunta. Você descobrirá, para seu fascínio e sua libertação, que não é possível colocar-se de verdade no lugar da outra pessoa e ter raiva dela ao mesmo tempo. Isso ocorre porque, quando você tenta entendê-la, primeiro absorve as informações por intermédio de seus sentidos, depois as processa com a parte superior do seu cérebro. Quando você não perdoa, ou seja, quando você se apega à raiva, está se vingando dessa pessoa por uma agressão ou afronta identificada pela parte "motora" (reativa) do seu cérebro.

Não é tão difícil quanto parece, mas requer prática. Um ritual é uma ótima forma de perdoar, e funciona. As dicas de como agir fornecidas a seguir ajudarão você a praticar essa técnica.

> **PARA REFLETIR**
> Se você procurar motivos para perdoar, sempre os encontrará; se procurar motivos para não perdoar, também sempre os encontrará. No fim das contas, o que definirá a sua conduta é aquilo que você *quer*.

➢➢➢ Dicas de como agir

1. Pense na(s) pessoa(s) que você não consegue perdoar. Em uma escala de 1 a 10, defina quanta raiva ainda sente dela(s): 1 = nenhuma e 10 = você gostaria que uma bomba caísse sobre sua(s) cabeça(s).
2. Pergunte-se por que ela(s) fez (fizeram) aquilo naquela época. Responda preenchendo as lacunas: ela(s) fez (fizeram) isso porque _____, e foi naquela época porque _____.
3. A menos que sejam pessoas realmente malignas, é provável que você descubra que o que elas fizeram foi a forma que encontraram para lidar com a situação, não porque simplesmente queriam agredi-lo sem qualquer motivo.
4. Após responder às perguntas acima, classifique a sua raiva em relação a elas, numa escala de 1 a 10. Sua raiva deverá ter diminuído.
5. Se tiver raiva, pergunte-se: (a) se você quer diminuí-la ainda mais ou (b) se prefere continuar com raiva delas. Se a resposta for (a),

continue procurando motivos que despertem a sua empatia. Se a resposta for (b), é mais provável que você seja incapaz de perdoar do que elas não possam ser perdoadas. Não se deixe levar por esse caminho, pois passará o resto da vida remoendo essa raiva.

6. Renuncie à sua raiva *em voz alta*. A raiva pode ser um demônio que o controla totalmente. Você quer a sua vida de volta.

Capítulo 16

Entrar em pânico

> Você pode superar qualquer temor desde que decida fazê-lo. Não se esqueça de que o medo existe apenas em sua mente.
>
> — Dale Carnegie

Bob Eckert, CEO da Mattel, Inc., contou-me sobre uma vez em que quase se deixou abater pelo pânico. Era uma tarde de domingo de 1990, e Eckert, então com 35 anos, era presidente da Kraft Foods. Ele estava assistindo um jogo de futebol norte-americano pela TV. Ele se sentia totalmente indefeso diante da possibilidade de um desastre em sua carreira.

O jornal *Chicago Tribune* havia acusado a Kraft de praticar preços abusivos. Imediatamente começaram a surgir as reações de indignação com a empresa de maneira bastante intensa.

— Falava-se em processar a Kraft por monopólio e diziam as más línguas que cabeças iriam rolar — lembrou. — E a minha cabeça certamente seria a primeira a rolar. Meu medo chegava a ser palpável.

Enquanto assistia ao jogo, a sensação que ele tinha era de que em breve seria violentamente jogado no chão, e sofreria sérios danos.

A experiência de Bob não é incomum. Qualquer um que já tenha tido essa sensação avassaladora de que uma catástrofe está próxima sabe como Bob se sentia. É como estar de pé sobre uma camada fina de gelo em um lago e ouvir um estalo assustador. Se correr o bicho pega, se ficar o bicho come, e você só pode esperar pelo momento em que se afogará na água gelada e escura.

O que acontece quando sentimos tanto medo? A sua imaginação corre solta, e você sente um fluxo repentino de adrenalina que leva seus batimentos cardíacos e sua pressão às alturas. Seu cérebro fica tomado pela química do medo. Ele começa a procurar coisas que causem medo e correspondam à sua reação psicológica. "Sentir" é acreditar: seu corpo faz com que sinta coisas que não são reais. Você acha que está correndo perigo independentemente do que os outros dizem. Quando isso ocorre, você fica tenso, mal-humorado e excessivamente sensível, e não consegue se concentrar e tomar decisões.

> O que são os temores senão vozes imaginárias?
> Sussurrando que há perigo onde perigo não há.
>
> — William Wordsworth

COMO SE RECOMPOR e fugir deste ciclo de pânico? O segredo é fazer com que a parte racional do seu cérebro retome o controle. Primeiro, diga para você mesmo (prudentemente, mas com firmeza) que o fato de estar com medo não significa que esteja em perigo. Pare de pensar nisto.

Para pôr um fim ao ciclo do pânico, tome algumas medidas comportamentais que acabem com o que pareça estar impedindo-o de agir. Respire bem fundo, várias vezes, pelo nariz, com os olhos fechados. (É interessante observar que esta atitude simples faz com que a maioria das pessoas já passe a ter outro grau de consciência.) Escolha uma tarefa bem comum e rotineira que o ajude a mudar o enfoque do seu cérebro. Tente fazer palavras cruzadas, por exemplo. (Fazer algum tipo de exercício também ajuda. Saia para uma caminhada a passos rápidos por vinte minutos, por exemplo. A atividade física é excelente para ajudar a limpar a mente.) Em seguida, arregace as mangas e volte ao trabalho, ainda executando uma tarefa rotineira, como rever um memorando ou dar um telefonema. Assim, você manterá sua mente ocupada em ponto morto.

Quando se acalmar, faça algo que seja desafiador, mas não assustador. Algo que faça com que você fique com a sensação de ter cumprido uma tarefa importante. Há dois motivos para isso. Em primeiro lugar, fazer algo desafiador reativa o seu cérebro para provar a você que estar morrendo de medo não quer dizer que você não seja capaz de fazer algo. Em segundo lugar, executar alguma tarefa que seja de sua responsabilidade e tenha uma conotação positiva apesar do medo imenso é uma das melhores maneiras de melhorar a auto-estima.

> A ação é ótima para recuperar e aumentar a confiança. A inatividade não é só o resultado, mas a causa do medo. Talvez sua ação seja um sucesso; talvez seja necessário agir de outra maneira ou fazer alguns ajustes. Entretanto, qualquer ação é melhor do que nenhuma.
>
> — Norman Vincent Peale

QUANDO A TEMIDA catástrofe não acontece, a crise passa e você se dá conta de que, além de ter sobrevivido, também fez algo positivo e construtivo, e passa a ter uma imagem positiva de si mesmo.

Foi exatamente o que Bob Eckart fez, seguindo o conselho do técnico do Cincinatti Bengals, Sam Wyche, que deu uma entrevista na TV naquele fatídico domingo. O Bengals, que havia vencido o Super Bowl dois anos antes, havia acabado de perder o nono jogo da temporada. Wyche já havia sido repreendido; todos sabiam que ele estava prestes a perder o emprego.

Um repórter se aproximou dele e disse:

— O senhor será demitido na terça-feira. O que tem a dizer sobre isso?

Wyche respondeu olhando diretamente para a câmera:

— Você sabe que serei demitido na terça-feira, e *eu* também sei. Mas isso não importa. O que importa é ajudar o time a melhorar até que eu seja demitido.

Eckert ficou impressionado.

— Parecia que ele estava falando cara a cara comigo — disse.

Na manhã seguinte, ele foi trabalhar aceitando o fato de que seria demitido, mas estava determinado a ajudar a empresa a prosperar enquanto estivesse ali. Em vez de continuar se sentindo como Chicken Little, com medo de o céu desabar sobre ele, dedicou-se a tarefas importantes que fizeram com que a Kraft superasse a crise.

Não preciso dizer que Eckert não foi demitido. Ele continuou na Kraft, foi promovido ao cargo de presidente e CEO, depois foi contratado para ocupar o cargo mais alto da Mattel.

— De todos os conselhos que já recebi e segui, o de Wyche foi o mais importante — disse Eckert. — Talvez seja porque, quando você está sozinho, perdido em um mar de perguntas, a situação pode piorar rapidamente a ponto de paralisar. Mas quando alguém que está na berlinda demonstra ter tanta determinação, isso pode servir de inspiração para que você aja. O conselho de Wyche me ajudou a superar o medo de falhar. Até hoje eu me oriento com base nele.

PARA REFLETIR

Quando você se concentra naquilo que precisa ser feito hoje e o faz, você pára de temer aquilo que *poderia* vir a ocorrer amanhã.

➤➤➤ Dicas de como agir

1. Da próxima vez que entrar em pânico no trabalho, lembre-se de que você acaba de soltar uma descarga de adrenalina na sua corrente sangüínea, e está com a pulsação e a pressão elevadas. Seu

corpo, não seu cérebro, está no comando, por isso você acha que está correndo perigo. Mas é provável que não haja perigo algum. Pare de fazer o que quer que você esteja fazendo, levante-se da cadeira e saia para uma caminhada rápida ao ar livre ou suba e desça as escadas. Assuma o controle das vozes que estão matraqueando na sua cabeça com uma atividade corriqueira, rotineira e neutra do ponto de vista emocional.
2. Quando estiver mais calmo, pense nos fatos envolvidos nesta situação e tente concluir por que está convencido de que algo de ruim acontecerá.
3. Em seguida, tome a decisão de simplesmente deixar o tempo passar.
4. Quando estiver ainda mais calmo, pense no que precisa ser feito naquele momento. Quando souber o que precisa ser feito, simplesmente faça.

Capítulo 17

Desistir facilmente

> A maioria das grandes façanhas do mundo foram realizadas por pessoas que continuaram tentando quando parecia não haver qualquer esperança.
>
> — Dale Carnegie

LEWIS ERA UM HOMEM TALENTOSO, inteligente e cativante. Tinha formação artística, e era também um ótimo vendedor. Ele tinha um talento singular para conversar sobre amenidades; sua mãe dizia, orgulhosa, que ele conseguia vender qualquer coisa.

Sempre que era contratado para um novo emprego — em uma empresa de projetos gráficos, em um banco, em uma loja de artigos de arte, em uma escola —, era amor à primeira vista. Ele chegava cheio de entusiasmo no trabalho, fazia amizades, e progredia rapidamente. Lewis logo cativava seus chefes, e parecia feliz. Mas depois de algumas semanas ou meses, as coisas começavam a dar errado. Ele chegava em casa e reclamava com a mulher que os chefes não sabiam administrar a empresa ou que tinha algum colega relapso, o que o obrigava a trabalhar dobrado. Ele reclamava cada vez mais; inevitavelmente, um belo dia chegava em casa avisando à mulher que havia pedido demissão.

Em 14 anos de casado, Lewis mostrou que não conseguia se manter por muito tempo em um emprego. Seu currículo era totalmente inconsistente e ele já havia trabalhado nos quatro cantos; ele não conseguia apresentar nenhuma referência boa e confiável. Enfim sua esposa, que sofreu ao seu lado por tanto tempo, levando nas costas a responsabilidade financeira, jogou a toalha, pediu o divórcio e mudou-se com o filho para outro estado. Lewis havia sacrificado toda a sua vida por causa de sua mania de desistir muito facilmente.

> Você não é obrigado a vencer. Você é obrigado a continuar tentando e dar o melhor de si todos os dias.
>
> — Marian Wright Edelman

A esposa de Lewis nunca entendeu bem por que ele era um cara que desistia facilmente; no início, ela achava que o marido ficava entediado; depois passou a achar que ele era mimado, principalmente considerando que era ela a responsável pela maior parte da renda da família. Entretanto, em uma sessão de terapia ela descobriu que ele sofria de um problema mais sério, um problema identificado pelo famoso psicólogo Martin Seligman como "desamparo aprendido".

Na infância, Lewis era muito mimado pela mãe e pelos avós. Em vez de ensinarem a ele como se levantar, cair e se levantar novamente (veja "Por que nos sabotamos", na introdução), ensinaram a ele que, se caísse, alguém viria ampará-lo. Assim Lewis nunca aprendeu o que era necessário para vencer. Ele se sentia inadequado e sem condições de seguir em frente. Não é nenhuma surpresa que ele tenha escolhido como companheira uma filha de alcoólatra, pois ela mesma havia passado a infância passando a mão na cabeça do pai alcoólatra e tentando suavizar as coisas para sua família problemática. (É comum os casais sentirem-se atraídos pelas neuroses um do outro.)

Bem, há uma grande diferença entre desistir facilmente e cair fora de uma situação ruim (veja o capítulo "Insistir em um emprego do qual deveríamos pedir demissão"). Quando se cai fora de uma situação ruim, toma-se uma decisão sensata de deixar algo para trás após ter demonstrado espírito de equipe, dando o melhor de si, e dando-se conta de que precisa parar para se salvar. Mas ao desistir antes da hora, você age por medo de assumir responsabilidades. Talvez você tenha medo do sucesso; pode ser que ache que não tem as habilidades necessárias para dar conta do recado.

Também é importante ter em mente que o trabalho — qualquer trabalho — é um meio para se atingir um objetivo. Lewis não entendia que trabalhar fazia parte do contrato nupcial. Mesmo que não gostasse do trabalho ou estivesse de saco cheio dele, ele tinha uma responsabilidade perante a família de continuar provendo o seu sustento. Ele permitia que sentimentos passageiros tivessem um peso maior do que a coisa mais importante da sua vida.

Desistir antes da hora é perigoso. Lewis achava que o certo era cair fora quando a barra pesava. Ele não entendia que, ao cair fora assim que as coisas começavam a esquentar, sua vida acabaria ficando morna.

> Pessoas com habilidades medíocres às vezes são muitíssimo bem-sucedidas porque não sabem a hora de parar. A maioria das pessoas atinge o sucesso por determinação.
>
> — George Allen

PARA REFLETIR
Temos mais controle sobre os atos de tentar ou desistir do que sobre vencer ou fracassar.

➤➤➤ Dicas de como agir

1. Pense na última vez em que você pediu demissão e analise as conseqüências positivas e negativas disso.

2. Analise a situação atual e faça uma lista dos possíveis pontos positivos e negativos de pedir demissão agora.
3. Faça uma lista das suas outras opções, incluindo os pontos positivos e negativos de cada uma.
4. Peça auxílio a alguém que possa analisar a situação com objetividade e sem emitir julgamentos para ajudá-lo a avaliar a situação. (Pode ser útil dar uma passada nas duas etapas anteriores com essa pessoa.)
5. Se você estiver inclinado a pedir demissão, pergunte-se por que e por que agora. Os motivos são justificáveis ou você tem esperanças de evitar algo desagradável, como uma situação embaraçosa ou o tédio?
6. Se você decidir continuar, peça a alguém com quem possa contar para ficar de prontidão para ajudá-lo quando necessário.

Capítulo 18

Usar jargão

> Não é possível escrever sobre pessoas com base no que dizem os livros didáticos e usando jargão. É preciso falar com clareza, simplicidade e pureza, usando uma linguagem que uma criança de seis anos possa entender; e, além disso, usar os significados, sutilezas e implicações da língua de modo a cativar os mais inteligentes.
>
> — Katherine Anne Porter

Em 1995, quando prestei serviços como consultor no infame julgamento de O.J. Simpson com relação ao caso do assassinato, vi o quanto o uso do jargão pode ser prejudicial. A acusação pretendia apresentar provas de DNA teoricamente retiradas da cena do crime, o Ford Bronco de Simpson, e suas luvas, e assim deu uma longa descrição científica sobre DNA. Termos como "alelos", "marcadores" e "títulos" eram disparados furiosamente para todos os lados do tribunal, em alto e bom tom, sem esclarecer nada.

Em um de seus artigos publicados na revista *Vanity Fair* sobre o julgamento, Dominick Dunne me citou: "Embora os jurados e a mídia comecem o dia como um grupo de gazelas que enfrentam bravamente o caminho pela floresta de provas de DNA, no fim do dia mais parecem cervos paralisados sob os faróis ofuscantes da *Encyclopaedia Britannica*."

Lembro bem das expressões nos rostos dos jurados ao acompanhar a acusação abordando os detalhes científicos referentes às provas. Alguns mordiam os lábios e pareciam confusos, mas a maioria franzia a testa e balançava a cabeça, esforçando-se ao máximo para compreender tudo ou pelo menos para manter-se acordado. Estava bastante claro para mim que eles ficavam confusos com a terminologia científica complexa com a qual não estavam familiarizados. A acusação se esforçava para tornar o assunto accessível, mas o advogado de defesa, Johnnie Cochran, superou a acusação quando, em tom teatral, mostrou a infame "luva ensangüentada" e falou, em termos simples, que, se ela não coubesse, ele deveria ser inocentado. A simplicidade venceu.

Não estou emitindo a minha opinião sobre o desfecho do caso Simpson. Por outro lado, tenho certeza de que o uso de jargão faz com que as pessoas parem de ouvir em vez de impressioná-las ou influenciá-las.

jargão *s.m.*
1. linguagem viciada, disparatada, que revela conhecimento imperfeito de uma língua;
2. linguagem resultante de alterações de estrutura, não raro pela interferência de mais de um idioma;
3. código lingüístico próprio de um grupo sociocultural ou profissional com vocabulário especial, difícil de compreender ou incompreensível para os não-iniciados; gíria;
4. linguagem deliberadamente artificializada empregada pelos membros de um grupo desejosos de não serem entendidos pelos não-iniciados ou, simplesmente, de diferenciarem-se das demais pessoas.
— *Dicionário Houaiss da Língua Portuguesa*

USAR JARGÃO não é se comunicar: é intimidar. Não estou falando de dialeto, que é a língua que as pessoas de uma determinada região ou grupo (como os gaúchos ou os adolescentes das grandes cidades) usam para se comunicar; também não estou falando da linguagem especializada usada por determinados profissionais, como os paramédicos, em situações muito específicas.

O tipo de jargão mais diabólico é aquele usado deliberadamente por uma pessoa para intimidar ou ocultar a verdade e embaçar a visão de outra pessoa. O jargão é uma ferramenta usada por muitos para tirar dinheiro de pessoas ingênuas (mecânicos de carro, vendedores de produtos técnicos, advogados, médicos e consultores de negócios podem cair nessa categoria, fornecendo matéria-prima para os diversos programas de TV de variedades de caráter "investigativo").

> O jargão ininteligível é a marca registrada de uma profissão.
>
> — Kingman Brewster

É CLARO QUE nem todos usam jargão com maldade; para muitos, o uso do jargão é um risco. Acadêmicos e médicos, por exemplo, são treinados para não falarem de maneira direta.

O exemplo mais pungente que já observei disso foi quando era estudante do terceiro ano de medicina. Estávamos fazendo a ronda no setor de oncologia do Boston Veterans Hospital, e fui testemunha de um episódio que fez com que eu começasse a pensar seriamente em me especializar em psiquiatria. Estávamos fazendo uma ronda em que residentes, estagiários e estudantes de medicina dos setores de oncologia, cirurgia e radiologia discutiam as "condições" dos pacientes, geralmente dentro dos quartos desses pacientes.

Lembro de termos discutido o quadro de um certo Sr. Ackerson ao lado de seu leito, falando como se ele não estivesse ali. O oncologista achava que ele precisava de mais quimioterapia. O radiologista achava que a opção certa era a radiação. O cirurgião achava que ele precisava ser operado. Cada um defendeu o seu ponto de vista, usando termos específicos da sua área de especialização. Ninguém dava ouvidos às opiniões dos outros. Depois disso, saímos todos.

No dia seguinte, quando entramos no quarto do Sr. Ackerson, discutindo outra vez o seu quadro, uma enfermeira nos interrompeu e disse:

— Vocês não souberam? O Sr. Ackerson se jogou do telhado noite passada. Ele está no necrotério.

Fez-se um silêncio geral. Era óbvio que o Sr. Ackerson precisava de muito mais do que jargão.

Em todas as profissões, desenvolve-se o hábito de utilizar uma linguagem específica, esquecendo-se de que as outras pessoas não entendem o que está sendo dito. Profissionais de tecnologia da informação, por exemplo, têm o hábito de usar o jargão em suas conversas em vez de optarem pela comunicação, o que explica por que a maioria das empresas considera seus funcionários de TI uma raça à parte. Termos comuns da área ("WiFi", "sistemas abertos", "dot-net" e outros) são um mistério para os leigos, que só querem fazer o seu trabalho. O jargão técnico usado pelos profissionais de TI, pronunciado com ares de "eu sou o bom" em conferências tecnológicas, é um idioma estrangeiro para os leigos, mas ninguém quer ficar com fama de bobo por pedir explicações.

Entretanto, o jargão não é composto necessariamente por palavras longas; o uso de uma linguagem ininteligível também pode ser considerado jargão. CEOs usam esse tipo de jargão o tempo todo. Eles falam sobre a "missão", "cultura", "visão" e os "valores" de suas empresas sem qualquer precisão; conseqüentemente, os funcionários ficam completamente perdidos, embora em geral balancem a cabeça afirmativamente como se concordassem com o que está sendo dito. De onde vem essa necessidade visceral de usar jargão? Em sua essência, o intuito do jargão é preservar uma falsa sensação de autoridade; ele é usado quando temos que as pessoas descubram quem realmente somos. Além disso, em geral somos coniventes com o uso de jargão por outras pessoas, pois tememos parecer tolos. Entretanto, isso não dá a ninguém o direito de atropelar as pessoas com seus caminhões lingüísticos.

> **PARA REFLETIR**
> Se for importante que as pessoas o entendam, certifique-se de que você está sendo claro

➢➢➢ **Dicas de como agir**

1. Observe a linguagem corporal da pessoa com quem você está falando. Usar jargão é uma forma de não deixar os outros falarem, tentar demonstrar superioridade, dar ordens e intimidar (veja o capítulo "Ser arrogante"). A pessoa com quem você está falando tentará fingir que está entendendo, e dirá "ã-hã" usando um tom de falsa compreensão. Talvez você repare que ela se afasta um pouco.
2. Em vez de perguntar às pessoas se têm alguma dúvida (a maioria das pessoas responde negativamente, mesmo que isso não seja verdade), peça que interpretem aquilo que você disse. Pode ser um teste para a sua paciência, mas impedirá que você perca tempo no futuro, quando descobrir que elas não entenderam o que você quis dizer (veja o capítulo "Pressupor que os outros o entendem").
3. Monitore os resultados. Se os seus superiores, subordinados e colegas não apresentarem os resultados esperados, talvez seja por que eles não estão entendendo o que você está querendo dizer. Se isso estiver ocorrendo, diga que, aparentemente, você não foi claro. Humildade, neste caso, é essencial. As pessoas reconhecerão seu esforço.
4. Combine um esquema com outras pessoas que também costumam usar jargão e que gostariam de melhorar a comunicação. Converse com elas e diga que você está trabalhando no sentido de evitar o uso desnecessário do jargão e acha que elas estão tentando fazer o mesmo. Pergunte se gostariam de chamar a sua atenção quando você usá-lo e diga que pode fazer o mesmo com elas.

Capítulo 19

Preocupar-se com a opinião alheia

> Uma pitada de preocupação por dia faz com que você perca alguns anos de sua vida. Se algo estiver errado, procure resolver o problema. Mas procure não se preocupar. A preocupação nunca resolve nada.
>
> — Mary Hemingway

MUNIDA DE UM DIPLOMA DE bacharelado recém-obtido e um certificado de técnica jurídica, Fanya, então com 23 anos, estava radiante por ter conseguido um emprego em um grande escritório de advocacia. Ela achou que isso a ajudaria a entrar para uma boa faculdade de Direito. Entusiasmada e ansiosa para mostrar competência, mergulhou de cabeça no trabalho. Quando apresentou ao chefe os resultados do seu primeiro projeto de pesquisa, não sabia como ele reagiria, mas estava muito otimista.

Quando ele disse, da maneira mais neutra e objetiva possível, que ela havia enveredado pelo caminho errado em sua pesquisa e sugeriu que a refizesse sob outro prisma, achou que ela lidaria bem com a situação e tentaria novamente. Mas, para Fanya, aquele comentário foi um golpe duro. Acabou com a sua auto-estima. Ela se fechou, sentindo-se perseguida.

Pobre Fanya. Apesar de muito inteligente, ela era uma pessoa extremamente vulnerável àquilo que achava que os outros estavam sentindo. Ela entrou em um estado que os psicólogos chamam de "hipervigilância". Começou a achar que seu chefe a desprezava. Parecia que seus colegas formavam panelinhas e a deixavam de fora.

Fanya disse:

— Depois que John criticou meu trabalho, comecei a achar que as pessoas ficavam olhando para mim. Achava que eles se reuniam com seus amigos e falavam de mim pelas costas. Comecei a ficar bem paranóica.

Graças à insegurança que sentia no tocante às suas decisões e ao seu trabalho, ela acabou fazendo com que seu pior pesadelo se tornasse realidade. Quanto mais apreensiva e sensível ficava, mais a qualidade do seu trabalho caía, até chegar ao ponto em que seu chefe começou a duvidar de verdade da sua capacidade para aquele emprego.

A experiência de Fanya tinha suas origens em uma reação inconsciente complexa, porém longe de ser incomum, que muitos têm com relação à "família" do trabalho. Nesse caso, ela estava transferindo sentimentos que tinha com relação ao pai para o chefe, e com relação aos colegas da escola para os colegas de trabalho (veja "Por que nos sabotamos", na introdução).

Fanya foi criada por um pai competitivo, crítico e difícil de agradar. Tudo o que ela queria era ganhar a atenção e o carinho dele. Entretanto, por mais que se esforçasse, parecia que a única coisa que Fanya conseguia dele era uma aprovação relutante. Se ela aparecia em casa com um boletim mais do que impecável, ele a atormentava por conta de uma nota 8 em vez de elogiá-la por todas as notas 10 que ela havia dado duro para conseguir. Assim, Fanya cresceu achando que sempre estava fazendo algo de errado, quando, na verdade, havia feito tudo certo. Por ser excelente aluna, recebia muitos elogios dos professores, mas a aceitação deles importava menos do que a dos meninos mais velhos, populares, bonitos e atléticos, que a consideravam uma "NERD".

> É difícil aceitar uma crítica verdadeira, principalmente quando ela vem de um parente, de um amigo, de um conhecido ou de um estranho.
>
> — Franklin Jones

CRIANÇAS CUJOS pais não sabem ou não querem ouvi-las por diversos motivos (só se preocupam com eles mesmos, têm depressão, são alcoólatras e assim por diante) são dominadas pela vergonha (elas acham que não são dignas de serem ouvidas) e sentem-se incompetentes. Elas internalizam a negatividade ou o descaso de seus pais, e passam a agir como se não fossem dignas de nada além disso. Embora intensos, esses sentimentos nada têm a ver com os fatos. Eles podem e devem ser dominados, pois se ficarmos nos preocupando com o que os outros pensam de verdade ou aquilo que imaginamos que pensam, logo atingimos um ponto em que nosso desempenho profissional é seriamente afetado.

> Eu buscava força e confiança no mundo que me cercava. Mas isso vem de dentro. Sempre as encontraremos dentro de nós.
>
> — Anna Freud

FANYA ME DISSE que nunca se achava boa o bastante porque seu pai nunca *se* achou bom o bastante. Ela ouvia os ecos da rejeição social dele, e tinha vergonha disso.

Para não se preocupar com o que os outros acham de você, é preciso se libertar dos sentimentos negativos e ver a experiência sob outro prisma. Em suma, você precisa analisar a situação de forma objetiva, separando os fatos dos sentimentos. Isso pode ser feito de quatro maneiras:

1. Entenda que o trabalho não tem nada a ver com quem você é, mas com os resultados que você produz. O chefe de Fanya não

estava interessado em saber se ela era capaz de elaborar um bom relatório da pesquisa; a crítica dele não foi pessoal. Na verdade, os chefes só querem que você faça aquilo que se propôs a fazer.
2. Saiba que, ao se concentrar naquilo que você deveria estar fazendo, não há motivos para se envergonhar nem nada a temer.
3. Fique atento às armadilhas. Quanto menos confiante você for, mais provável será que a sua atenção seja desviada por aquilo que você pensa que as pessoas estão pensando. Quanto mais você desvia a sua atenção, menos cria confiança. Para escapar das armadilhas, procure se tornar mais confiante e concentre-se no trabalho, não em suas preocupações.
4. Para ganhar confiança, aperfeiçoe seus conhecimentos. Todos nós nos destacamos em alguma coisa perante nossos colegas. Identifique uma habilidade ou área de conhecimento considerada como seu ponto forte — pode ser aquela qualidade que fez com que você conseguisse o emprego — e aperfeiçoe-a até tornar-se um especialista. Assim você será mais importante para a empresa e adquirirá a auto-estima necessária para defender seu território. Saber que você é altamente qualificado em alguma coisa é muito útil para ajudá-lo a não desviar a sua atenção quando você se considera incompetente em tudo.

PARA REFLETIR
Não confunda sentimentos com fatos.

➤➤➤ Dicas de como agir

1. *Não se anule.* Sempre que fizer algo bem feito, assuma o crédito por sua competência. Quando sentir que está começando a fazer pouco de si mesmo, pare tudo e diga para você mesmo que se saiu muito bem e não deve se diminuir. Pense em uma pessoa que

acredita e gosta de você; imagine que ela o está elogiando. Isso pode ajudar.
2. *Se cometer um erro, não se penitencie.* Em vez disso, reconheça que ninguém é perfeito. Pense no que poderia ter feito de outra maneira se tivesse a oportunidade de tentar fazer a mesma coisa outra vez. Anote a sua resposta.
3. *Evite fofocas de escritório.* Esquive-se elegantemente de convites para fofocar. Diga que sente muito, mas não se sente confortável falando sobre o assunto e peça licença para se retirar.
4. *Faça uma lista de todas as situações que deixam você em estado de alerta, com medo*: enfrentar avaliações de desempenho, pedir ajuda e assim por diante. Seja otimista, mas fique calmo se o resultado for desagradável.
5. *Não aja de maneira defensiva.* Se alguém disser algo desagradável, não inicie um debate nem procure dar explicações. Em vez disso, pergunte o que você poderia fazer de outra maneira dali em diante (veja o capítulo "Ficar na defensiva").
6. *Agradeça pela ajuda.* Tenha em mente o fato de que o seu chefe quer mesmo é corrigir algo, não puni-lo.

Capítulo 20

Ter medo de aprender coisas novas

> Eu tinha medo da Internet porque não sabia digitar.
>
> — Jack Welch

MUITO TEMPO DEPOIS de eu ter desistido de manter a minha agenda convencional organizada, cheguei à conclusão de que precisava de um PDA (*personal digital assistant*). Mas eu insistia em adiar a compra. Por quê? Eu cismei que não conseguiria escrever usando o sistema Graffiti. Enfim comprei o negócio e esperei. Esperei mais um pouco. Quando faltava um dia para acabar a garantia de devolução de 14 dias, ele ainda não tinha saído da caixa. Finalmente mergulhei na tarefa que me assombrava. Adivinhem o que aconteceu? Fiquei especialista em Graffiti em 15 minutos. Quinze minutos! E há meses eu vinha fugindo da idéia de aprender algo novo.

Uma coisa é me recusar a pegar as manhas de um PDA. Mas me deixar levar pelo medo de aprender — ou melhor, pelo medo de não conseguir aprender — e permitir que atrapalhe meu sucesso profissional é algo completamente diferente. Na introdução, falei sobre o caso de John, o contador que temia não ter aprendido nada de novo em dez anos e perdeu a batalha contra a implementação de uma mudança na empresa em que trabalhava. O mundo está repleto de pessoas como John. São pessoas muito inteligentes, mas que fazem por onde se tornar obsoletas à medida que suas habilidades ficam para trás neste mundo em constante mudança.

No trabalho, pode ser que você fique paralisado só de pensar em ter que aprender a usar um novo programa de computador, um novo conjunto de processos ou em ter que aprender a lidar com um novo chefe. Paradoxalmente, quanto mais você se preocupa com a mudança, mais difícil ela se torna.

Houve uma época em que o segredo para entrar no reino do mercado de trabalho era aprender algumas habilidades específicas ou ter um diploma universitário ou técnico. Pense em todos aqueles com diploma de informática e engenharia: na época em que a explosão de alta tecnologia atingiu o seu nível mais alto, aqueles que tinham habilidades técnicas eram contratados num piscar de olhos. E com a mesma rapidez veio o baque. Muitos deles perderam seus empregos e estão enfrentando dificuldades para encontrar novos empregos. O mercado exige que eles voltem a estudar para aprender novas técnicas. Mas isso não é tão simples assim, principalmente para profissionais mais antigos.

O que está acontecendo? Talvez a falta de tempo seja um dos problemas. Quanto mais aprendemos, maior pode ser a sensação de que precisamos nos agarrar a esses conhecimentos. Você tem a sensação de que o seu cérebro está com a lotação esgotada. Não tem energia nem espaço no cérebro para aprender coisas novas. O mundo gira cada vez mais rápido, e há a dificuldade de reter novas informações, de modo que é compreensível que haja certa resistência a mudanças. Afinal, mais rápido nem sempre é melhor, e às vezes gostaríamos apenas que o ataque acabasse. Parece mais cômodo nem iniciar o processo.

> Como se come um elefante? Pegando um pedaço de cada vez.
> — Ditado hindu

O **PROBLEMA** é mais sério quando simplesmente não confiamos em nossa capacidade de aprender. A menos que a vida seja um aprendizado contínuo, o medo se torna mais forte do que a confiança no fato de você *ter condições* de aprender. Vejo isso o tempo todo nas mulheres que ficam com o olhar perdido quando têm de usar a matemática, graças a professores e pais responsáveis por que acreditassem na mentira de não serem boas em matemática. Vejo isso nos homens que, certos de serem "nerds", se escondem pelos cantos nas festas em que deveriam estar fazendo uma social com os clientes. Na verdade, não é uma questão de não ser capaz de aprender, mas de ficar paralisado na hora de enfrentar algo novo e diferente.

Outra questão envolvida é a da comodidade, que tem muito a ver com a maneira como você se vê. Aprender algo novo é assustador porque exige empenho e uma visão mais abrangente de si mesmo. À medida que o tempo passa, nos convencemos de que "somos" de uma determinada forma, e que essa forma está escrita e não pode ser mudada. Até defendemos o nosso direito de sermos do jeito que achamos que "somos". O tempo passa e vamos perdendo a flexibilidade. Às vezes achamos que merecemos seguir no embalo de nossos méritos. Tenho em mente os velhos professores universitários que continuam ensinando a mesma coisa ano após ano, mesmo depois de passado o seu auge. (Eles têm estabilidade, mas nem todos os profissionais têm esse privilégio.) Ou a imagem do avô que aprende a usar a Internet para se comunicar por e-mail com o neto favorito, mas que simplesmente se recusa a aprender algo mais sobre computadores, afirmando que vai muito bem fazendo as coisas à moda antiga.

Ironicamente, quanto mais acreditamos que somos incapazes de aprender, mais incapazes de aprender nos tornamos.

> Hoje aceitamos o fato de que o aprendizado é um processo para a vida toda, e que seu objetivo é fazer com que acompanhemos as mudanças. O mais urgente é ensinar as pessoas a aprender.
>
> — Peter Drucker

APRENDER ALGO novo é difícil, mas se analisarmos a situação por outro prisma, veremos que pode ser algo desafiador e estimulante. O segredo é buscar memórias de uma época em que você aprendeu algo novo. Se conseguir visualizar a experiência com clareza (pode ser a época em que aprendeu a esquiar, dirigir, usar o computador, ler pautas musicais) e conseguir lembrar da sensação de dominar a tarefa, talvez consiga desencadear a sensação de prazer resultante dessa experiência. Se não puser a carroça na frente dos bois pensando em tudo aquilo que você não conseguirá aprender e decidir se concentrar naquilo que você *já* aprendeu mesmo pensando que não conseguiria, seus temores desaparecerão, sua mente se abrirá e você aprenderá coisas novas.

> Se você der um peixe a um homem, o alimentará por um dia; se ensiná-lo a pescar, o alimentará pela vida toda. Entretanto, ensine um homem a aprender e o alimentará por toda a vida, e ele não precisará comer apenas peixe.
>
> — Tim Gallwey

PARA REFLETIR
Só porque você acha que não é capaz de aprender coisas novas não quer dizer que isso seja verdade.

➢➢➢ Dicas de como agir

1. Ao enfrentar uma situação em que você acha que não conseguirá aprender algo, pare e pense em três momentos da sua vida em que você tinha certeza de que não conseguiria aprender algo, mas conseguiu.
2. Pense nas ferramentas, na ajuda (de um professor, amigo ou curso) e nas estratégias empregadas para aprender essas novas habilidades.

3. Agora procure lembrar do processo de aprendizado pelo qual você passou. O que fez primeiro? O que fez em seguida?
4. Faça um paralelo entre essas lembranças e o processo pelo qual você teria que passar agora para aprender algo novo. (Por exemplo, se você lembra que aprendeu a dirigir com um instrutor de auto-escola, pense na possibilidade de encontrar alguém que o ensine a "dirigir" a sua nova tarefa.)
5. Assuma o compromisso de estar sempre aprendendo algo novo para que você não seja impedido de aprender coisas novas no futuro por medo.

Capítulo 21

Ser sincero demais

> — Perdoem-me pelo excesso de sinceridade. É assim que eu lido com minhas dificuldades.
>
> — Elaine, do seriado *Ally McBeal*

DIZEM POR AÍ QUE, certa vez, Winston Churchill estava em uma festa nos jardins da casa real, numa boa, quando uma senhora moralista e esnobe reparou e exclamou, em tom de desaprovação:

— O senhor está bêbado!

— E a senhora, madame, é feia — Churchill respondeu. — Mas amanhã eu estarei sóbrio.

A resposta nem um pouco sutil de Churchill para a observação daquela senhora, que agiu de maneira também pouco sutil, rende umas boas risadas. Comediantes como Robin Williams, Margaret Cho e John Mayer ganham a vida falando verdades nuas e cruas. São pessoas que falam verdades de maneira divertida. Quando comediantes resolvem pegar no pé de pessoas ou grupos específicos, ou mesmo da sociedade como um todo, eles dizem coisas que podem ter passado pelas nossas cabeças, mas que nunca dissemos em alto e bom tom, em público, por questão de educação ou por sermos politicamente corretos. De certa forma, rimos da total falta de sutileza deles porque sabemos que jamais faríamos isso. Admiramos sua coragem sem papas na língua, e os aplaudimos.

No ambiente de trabalho, algumas pessoas têm um grande prazer em dizer coisas que os outros considerariam inadequadas. Às vezes são comentários engraçados; outras vezes, não. Na maioria das vezes, a sinceridade excessiva é uma tentativa desesperada de conseguir atenção.

Vejamos o caso de Lucy, recém-formada em administração e recém-contratada por uma grande empresa da área financeira de Boston. Por ser nova na empresa e uma das poucas analistas financeiras do sexo feminino, aquele era um ambiente em que não ficava à vontade. Ela achava que os seus colegas do sexo masculino, principalmente seu chefe, estavam sempre julgando seus atos. Tinha a sensação de que gostavam de ter gente nova por perto, mas também esperavam que ela competisse com os outros em pé de igualdade, "como homem". Quando ela dava sua opinião nas reuniões, os homens pareciam não dar valor ao que dizia ou simplesmente ignorá-la.

> Saber estimular os outros não é o mesmo que não ter papas na língua.
>
> — Barbara Walters

LUCY NÃO gostava de sentir-se ignorada. Então ela retomou um hábito que havia desenvolvido no início da adolescência: ser curta e grossa. Lucy era a sexta de sete filhos em uma casa em que o pai e a mãe trabalhavam fora, por isso precisava brigar para conseguir atenção. Muito ansiosa, Lucy sentia-se como um pneu cujo ar escapava aos poucos: ela precisava manter-se calibrada para sentir-se viva. Passou a ser uma daquelas pessoas que gosta de roubar a cena, e inflava o ego dizendo, de maneira impulsiva, coisas que os outros não diriam. Ela descobriu que, quando dizia coisas engraçadas ou ultrajantes, conseguia chamar a atenção de seus pais ocupados e da penca de irmãos. Quando Lucy aprontava das suas em eventos sociais, sua mãe ria para disfarçar.

— Essa Lucy não tem jeito — dizia. — Ela é tão sincera! Não consegue deixar passar uma.

No trabalho, Lucy tentava conseguir atenção com comentários ácidos acerca do comportamento dos colegas. Em uma reunião, ela interrompeu um colega que falava demais e havia se estendido em uma explicação monótona, e disse:

— George, chega de encher lingüiça. Vá direto ao ponto, por favor!

Certa vez, no refeitório, ela disse que outro colega era um "zero à esquerda". Quando seu chefe sugeriu que ela tentasse ser um pouco mais discreta com relação ao que pensava, Lucy assumiu uma postura defensiva.

— Eu só chamo a atenção para as coisas que observo — disse. — É óbvio que o George fala demais. E todos sabem que o Joe não é o cara mais antenado do mundo. Mas eu sou a única que fala o que pensa.

Para Lucy, ela estava apenas sendo direta. Mas, para seu chefe, a língua ferina de Lucy era um defeito, por isso não a convidava para participar de reuniões com os clientes. Posteriormente, em sua primeira análise de desempenho, ele a condenou por sua conduta infantil.

De certa forma, Lucy reagia ao fato de seus pais serem ausentes sendo rude para tentar convencer a todos que ela não estava nem aí. Mas, no fundo, ela tinha problemas de auto-estima. Em seu desespero para conseguir atenção e aprovação, mas achando que ninguém daria a mínima para ela (assim como seus pais sempre ocupados), ela fazia coisas que afastavam as pessoas quando, na verdade, ela queria se aproximar.

> A verdadeira arte da conversação não requer apenas que digamos a coisa certa no lugar certo, mas que deixemos de dizer coisas inadequadas em momentos de tentação.
>
> — Dorothy Nevill

ENTÃO QUAL a diferença entre ser sincero além da medida e ser direto? Tomemos as ferramentas como exemplo. Ferramentas obtusas são ótimas para quebrar pedras; elas não são nem um pouco sutis e não é preciso ser muito inteligente para usá-las. Entretanto, ferramentas para a execução de trabalhos mais especializados, como serras circulares, exigem habilidade e até mesmo talento para que sejam usadas corretamente. Carpinteiros são mais respeitados do que operários que quebram pedras.

Lucy teria sido mais bem-sucedida se tivesse tentado se entrosar com as pessoas (na verdade, era essa a sua intenção) em vez de ser rude e afastá-las. Todos — ela, seus colegas, a empresa e sua carreira — teriam se beneficiado se ela tivesse agido assim.

PARA REFLETIR
Se você quiser dizer algo, seja direto; se quiser acabar com qualquer chance de expor a sua opinião, não tenha papas na língua.

➢➢➢ Dicas de como agir

1. Da próxima vez que sentir vontade de dizer algo inadequado, conte até três. Se estiver tentado a dizer aquilo para chamar atenção ou tecer críticas, e não colaborar para que algo seja melhorado, contenha-se.
2. Pergunte-se por que você está sendo rude. Qual o seu objetivo? Se você quer que as pessoas o respeitem, gostem de você e confiem em você, acha que sendo rude conseguirá o que quer?
3. Se você achar que não importa o que os outros pensam de você, pergunte-se por que está se esforçando tanto para conseguir alguma reação.
4. Saiba que, embora você ache que os limites das pessoas são tolos, esses limites podem ser defendidos. Ultrapasse-os por sua própria conta e risco.

5. Encontre um colega de trabalho que lhe pareça ser respeitado de um modo geral (evite recorrer a seu chefe ou a alguém que ocupe um cargo mais elevado). Observe a maneira como ele ouve as pessoas e lida com elas. Preste atenção na linguagem usada, inclusive a linguagem corporal, nas reuniões. Tente copiar o seu estilo.
6. Da próxima vez que tiver vontade de reagir, pense em alguém que tenha feito você se sentir aceito, não por aquilo que você diz, mas por ser quem você é. Imagine essa pessoa falando calmamente com você, ajudando-o a se acalmar. Em seguida, pergunte-se como essa pessoa lidaria com a situação.

Capítulo 22

Não aceitar outras opiniões

> Não saber mudar de opinião é a maior prova de burrice.
>
> — Michel de Montaigne

— **Pare com isso!** *Assim* você não está me ajudando nem um pouco!

Quando dirigiu a mim essas palavras, Rob estava tão irritado que cheguei a me sobressaltar. Rob tinha uma estatura imponente do alto de seu 1,80m. Sócio mais antigo de um escritório de advocacia com 120 advogados, sendo quem dava o nome à firma, ele era ambicioso, dominador e viciado em trabalho. Era um marido e pai ausente e, quando estava com a família, era uma companhia desagradável.

Uma semana depois de ter sido preso por dirigir alcoolizado, veio se consultar comigo. Rob desandou a reclamar de tudo.

— Na minha vida, não há ninguém que preste: minha ex-mulher, meus filhos, minha firma, minha equipe... Ninguém se salva.

— Vejo que você está aborrecido, e imagino que esteja também sobrecarregado e estressado — respondi com meu melhor tom terapêutico-empático.

— Pare de ser tão complacente. Não me venha com doce! Não é disso que eu preciso, assim eu só fico mais aborrecido ainda.

Lembrei do personagem de Billy Crystal no filme *A máfia no divã*. Crystal é um psicanalista que se enche de ficar ouvindo a ladainha neurótica de seus pacientes. Ele se imagina mandando uma cliente chorosa parar de frescura, de maneira dura e nada terapêutica. Pensei com meus botões que não tinha nada a perder, exceto aquele paciente mala, então deixei que a vida imitasse a arte.

Simplesmente falei:

— Rob! Pare de ficar sentindo pena de si mesmo.

Nós dois ficamos boquiabertos com a minha reação. Ele se levantou e caminhou em minha direção. Preparei-me para uma possível agressão física, mas ele parou na minha frente, abriu um sorriso enorme e disse:

— Isso! — E me deu um abraço agradecido, erguendo-me do chão.

Do mesmo jeito, sentou-se novamente em seu lugar, aparentemente muito aliviado. Já estava quase achando que ele ia apontar o indicador para mim, assim como Robert De Niro, e dizer:

— Você, hein?

— Não entendo — eu disse. — Você reclama que todos se metem na sua vida, depois diz que quer que eu faça o mesmo. Talvez você goste disso.

— Eu quero que *você* se meta na minha vida. Você é um profissional. Estou pagando para ser duro comigo. Quanto ao resto...

Na verdade, Rob estava cercado de pessoas que tinham medo dele. O estilo de Rob no trabalho não era muito diferente daquele de um imperador romano. Por ser o manda-chuva do escritório de advocacia, estava acostumado a dar ordens. Ele não tolerava respostas petulantes. Ouvia o que queria. Sua firma não estava crescendo tão rápido quanto os concorrentes, por isso estavam tendo dificuldades para conseguir bons clientes.

Ele queria lidar com a família como administrava a firma, mas eles protestavam. Quando viam que não estavam se fazendo entender, elevavam o tom de voz. Quanto mais reclamavam do seu comportamento fechado e ditatorial, mais fechado e ditatorial ele se tornava. Ele foi se tornando cada vez mais isolado e amargo, e chegou a ponto de pôr a sua vida e a vida de terceiros em risco.

> Muitos teimam em trilhar o caminho escolhido, poucos teimam em atingir as metas definidas.
> — Friedrich Nietzsche

ROB NÃO aceitava a ajuda de ninguém. Se não tivesse sido preso por dirigir alcoolizado, jamais teria me procurado. Mas o ocorrido serviu para abrir seus olhos. Ele sabia que sua vida estava tomando o rumo errado e queria começar de novo antes que fosse tarde demais.

A terapia mostrou que Rob estava apenas agindo do único jeito que sabia agir. Seu pai era crítico, controlador e arbitrário, e sua mãe simplesmente compactuava com a ditadura do marido. Assim, Rob achava que ser homem significava agir como o pai (veja "Por que nos sabotamos", na introdução). Ele achava que todos só abriam a boca para criticá-lo, controlá-lo e julgá-lo, mesmo que não fosse nada disso.

Durante a terapia, também ficou claro por que ele havia reagido tão bem ao meu chega-pra-lá. Ele era como um adolescente que só queria uma opinião honesta e direta do pai ou da mãe; na verdade, era um caso de obra inacabada. (Os adolescentes estão sempre em busca de figuras que saibam se impor sem autoritarismo, pessoas com quem possam contar, apesar da atitude rebelde. Quando não encontram essas figuras, ficam revoltados e se isolam, podendo agir de maneiras destrutivas.)

Se você já ouviu essa história antes, pode ser que também tenha o hábito de reagir às opiniões dos outros como se fossem sempre autoritárias, nunca legítimas. Talvez você esteja se prendendo a um ressentimento da adolescência que não tenha conseguido deixar para trás. Assim, talvez esteja deixando de aceitar opiniões valiosas de pessoas que não querem controlá-lo como outros fizeram no passado, mas que estão tentando fazer parte de sua vida hoje. Se você continuar a ser um rebelde sem causa que não aceita nenhuma opinião, terá que seguir sozinho o seu caminho. Você deixará de fazer muitas coisas boas, tanto no trabalho quanto na vida pessoal.

> **PARA REFLETIR**
> Se deixar que figuras *autoritárias* do passado não permitam que você aceite opiniões de figuras presentes hoje na sua vida que *sabem* o que dizem, acabará com seu futuro por causa dos pecados do seu passado.

➤➤➤ Dicas de como agir

1. Quando alguém com quem você tem intimidade e acredita que esteja do seu lado der uma sugestão, contenha-se e escute o que essa pessoa tem a dizer. Melhor ainda, diga a ela que gostaria que chamasse a sua atenção sempre que você estiver agindo de maneira autodestrutiva, depois agradeça por ela continuar a acreditar em você apesar da maneira como a trata.
2. Quando alguém der uma opinião no trabalho, pare, ouça e agradeça pela sugestão. Peça desculpas pela sua reação, explicando que quando alguém diz algo que você não esperava, acaba surpreendendo-o. Se conseguir fazer isso, a sua postura fará com que respeitem você.
3. Da próxima vez que recusar a opinião de alguém, pense outra vez na situação. Pense em pessoas, vivas ou já falecidas, por quem você tenha um profundo respeito. Pergunte-se como essas pessoas lidariam com essa situação.
4. Se for possível, procure essas pessoas e pergunte-lhes diretamente o que elas acham. Sempre que enfrentar uma situação com a qual gostaria de lidar de maneira mais eficaz, lembre-se das pala-

vras delas. Se não for possível falar com essas pessoas, use a sua imaginação.
5. Procure contrabalançar algum escorregão que o faça agir como se fosse o dono do mundo pensando em três coisas que tornam você uma pessoa difícil de lidar ou, como costumam dizer, uma "peça". A humildade é o melhor antídoto para muitos problemas, inclusive para o defeito de ter a mente fechada.

Capítulo 23

Estar despreparado

> Antes de grandes feitos sempre há uma preparação simples.
>
> — Robert H. Schu

Muitos pacientes falam de sonhos em que se vêem na escola outra vez, fazendo uma prova para a qual não estudaram. Na vida, a maior parte dessas pessoas é bem preparada. O sonho representa aquilo que elas temem, o oposto do que são.

E há as pessoas que estão sempre improvisando. Certa vez, um excelente executivo estava entre os candidatos a uma grande promoção. Bill havia sido convocado para fazer uma apresentação importante para o conselho administrativo. Durante semanas ele adiou a preparação da apresentação. Parecia ser algo que estava no fim da sua lista de prioridades, e ele estava cheio de projetos para concluir.

Na noite anterior à reunião, Bill montou rapidamente uma apresentação em PowerPoint. Ele não estava preocupado. Era inteligente. Estava acostumado a dar palestras. Achava que sabia tudo de cor e salteado.

No dia seguinte, no meio da apresentação, se deu conta de que havia se esquecido de incluir dados importantes de previsão. Ele abordou a questão superficialmente, torcendo para ninguém reparar. Entretanto, durante a sessão de perguntas e respostas, o presidente do conselho fez perguntas sobre o assunto. Bill não soube responder e, sem graça, prometeu que entraria em contato posteriormente para dar aquelas informações. Não foi bom para a sua imagem não ter se preparado adequadamente. Ele foi descartado para a promoção, e perdeu o emprego para um gerente menos experiente, mas definitivamente mais bem preparado. Isso fez com que acordasse para a realidade.

Para os colegas de Bill, o fato de ele ter sido descartado não foi nenhuma surpresa; eles achavam que ele não merecia ser promovido porque era arrogante demais. Secretamente, acharam que havia sido um castigo justo.

Assim como muitas pessoas que não fazem questão de estar preparadas, Bill tinha dois problemas comuns discutidos em outros capítulos deste livro: ele tinha o hábito de procrastinar e não tinha disciplina. Entretanto, havia uma questão mais importante e arraigada que era maior do que esses problemas. Bill não se preparava porque não achava necessário.

Desde criança, Bill só se preparava o suficiente para se safar. Na escola, em vez de estudar aos poucos para as provas, ele virava a noite anterior estudando. Como conseguia tirar boas notas sem precisar estudar muito, achava que era simplesmente mais inteligente que os outros. Ele nunca tirava as notas que poderiam tê-lo colocado numa excelente faculdade. Mesmo assim formou-se e conseguiu um primeiro emprego que permitia que se exibisse, mostrando o quanto era inteligente.

Bill acabou criando o hábito de fingir que estava ocupado até terminar o trabalho, o que fez com que subisse muito na carreira. Sempre que estava sob pressão, achava que seu carisma, sua personalidade, suas idéias e sua genialidade fariam com que tudo desse certo, como sempre. Acostumado a agir por instinto, ele realmente acreditava que tudo daria certo; se não desse, ao menos tudo seria perdoado.

> A sorte vem quando preparação e oportunidade se encontram.
>
> — Oprah Winfrey

SE VOCÊ É daquelas pessoas que conseguiu vencer ou ao menos se safar sem nenhuma preparação, é improvável que mude antes que aconteça algo que o faça abrir os olhos. Para isso, talvez você precise ser demitido ou perder uma grande oportunidade. Entretanto, cedo ou tarde você verá que seu carisma, sua audácia, sua pretensão e sua bravura não bastam. Ainda assim, talvez seja muito difícil mudar algo tão arraigado em sua personalidade. Pode ser que nem mesmo penitenciar-se ou empenhar-se com toda a sua força de vontade resolvam o problema. Considerando que é provável que a sua falta de preparação já tenha custado muito, chegou a hora de engolir o orgulho.

Uma forma de dar o primeiro passo em direção ao caminho certo é refazer a apresentação ou o projeto que não deu certo porque você se preparou mal, mesmo que seja apenas para dar satisfações a si mesmo. Foi isso que Bill fez. Ele refez a apresentação em PowerPoint, inserindo todas as informações e slides que havia omitido. Ao terminar, ficou claro para ele que, se tivesse apresentado esse trabalho mais cuidadoso, teria sido promovido. Para jamais se esquecer daquele erro, ele pôs o slide que faltava como descanso de tela no computador.

E já que você está engolindo o *seu* orgulho, é bom não pegar um pedaço maior do que a boca, muito menos engoli-lo. Comece aos poucos e escolha um projeto que possa preparar adequadamente. O intuito desse projeto é fazer com que você veja a recompensa imediata.

Gosto de ter em mente a maneira como Bruce Wright, jogador de vôlei, com 1,76m de altura, treinava quando jogava no time da escola. Ele disse que se deitava no chão do quarto com a cabeça encostada na parede. Dali ele jogava a bola para cima até que ela "beijasse" o teto (que tinha a altura perfeita), e fazia isso quinhentas vezes por dia. Depois de um tempo ele nem precisava pensar de onde a bola vinha para colocá-la no alto na posição perfeita. Essa prática permitia que ele prestasse atenção na posição de todos os jogadores do outro time.

Acima de tudo, permitia que ele se concentrasse em outras coisas além de colocar a bola no lugar certo, de modo que conseguia orientar o seu time com mais eficácia. Hoje Bruce pode se gabar de ter jogado pela seleção norte-americana ganhadora da medalha de ouro.

> Um segredo importante para o sucesso é a autoconfiança. Um segredo importante para a autoconfiança é a preparação.
>
> — Arthur Ashe

PARA REFLETIR
Maior do que o respeito que você conquista quando está preparado, só mesmo o respeito que você perde quando não está.

➤➤➤ Dicas de como agir

1. Pense no momento exato em que você perdeu aquele emprego, aquela promoção ou aquela oportunidade porque não estava bem preparado. Procure lembrar de todos os detalhes. Não se autocensure, mas deixe que fortes emoções venham à tona.
2. Pense nisto: se você tivesse que fazer tudo outra vez, o que teria feito de outra maneira para atingir um resultado positivo? Mesmo que você não tenha uma segunda chance, pensar no que poderia ter sido feito de maneira diferente tornará a lição mais clara.
3. Faça um plano com um cronograma, atividades e áreas em que você precisa pensar para poder se preparar melhor no futuro. Por mais difícil que seja, pense na pessoa que se saiu melhor do que você, aquela que conseguiu o emprego ou o projeto almeja-

do apenas porque estava preparada. O que ela fez que você não fez? (Você também pode pensar em alguém que sempre se prepare bem e imaginar o que essa pessoa faria no seu lugar.)

4. Se após duas semanas você não tiver conseguido tomar nenhuma medida concreta sobre esse plano, não se penitencie. Continue tentando.
5. Se nada der certo, considere a possibilidade de contratar um profissional para orientá-lo e ajudá-lo a se manter no caminho certo, cobrando de você a preparação de diversas atividades relacionadas ao seu trabalho. Se os melhores atletas precisam de técnicos para ajudá-los a se preparar, talvez você também precise.

Capítulo 24

Ter medo de demitir os outros

> Não são aqueles que você demite que infernizam a sua vida, mas aqueles que você não demite.
>
> — Harvey MacKay

No famoso programa de TV *O Aprendiz*, Donald Trump nos dá a chance de ceder aos nossos impulsos mais voyeristas ao mostrar pessoas que fazem de tudo para conseguir o emprego dos sonhos, trabalhando para um dos chefes mais narcisistas do mundo. (É impressionante ver como as pessoas são capazes de chegar a ponto de se flagelarem em público.) Apesar da autopromoção e do cabelo esquisito, Trump tem uma qualidade (além de ser estupidamente rico, é claro): ele sabe mandar embora pessoas que não estão dando certo.

Por outro lado, muitos gerentes têm uma enorme dificuldade de demitir funcionários. Vocês lembram de Deborah, a gerente de relações públicas sobre a qual falamos no capítulo 13 ("Sentir-se culpado")? Ela tentou "consertar" um funcionário recalcitrante que se voltou contra ela, e acabou tendo avaliações de desempenho ruins por conta disso. Em vez de demitir Joe, Deborah acabou pondo o próprio emprego em risco.

É claro que, do ponto de vista objetivo, em geral é difícil demitir alguém. Há leis contra demissão sem justa causa, e em geral as empresas só demitem funcionários que apresentem uma conduta extrema. Ainda assim, não são poucas as empresas que sofrem ao contratar a pessoa errada, principalmente quando se trata de um cargo importante. O tempo, o dinheiro e a oportunidade perdidos até se descobrir o erro, demitir a pessoa, substituí-la, consertar o estrago e alcançar outra vez a concorrência é demais para algumas empresas.

O principal problema de Deborah era a incapacidade de enfrentar pessoas negativas (veja o capítulo "Temer confrontos"). Na qualidade de gerente, ela não deveria ter se vendido a Joe. Ela deveria ter usado as avaliações de desempenho para analisar expectativas tangíveis e resultados mensuráveis, lançando mão de outros processos de RH, para tirar Joe da jogada. Como não conseguiu fazer isso, ela acabou fazendo com que o tiro saísse pela culatra.

> Seja generoso, espere receber muito em troca e, se não receber, corte fora o que não prestar.
>
> — Tom Peters

SEM DÚVIDA alguma, a maneira mais óbvia de evitar a necessidade de demitir maus funcionários é tratar de contratar as pessoas certas logo de cara. Quando Al Dorskind demitiu todo mundo na Universal Studios (veja o capítulo "Sentir-se culpado") porque os funcionários não conseguiam deixar de trabalhar como se aquilo fosse um estúdio de cinema, adaptando-se ao trabalho de um estúdio de TV, ele deu à gerência a oportunidade de recontratar o trigo e jogar o joio fora. Muitos daqueles cujo desempenho era ruim tornaram o processo mais fácil, pois nem se candidataram outra vez, porque, no fundo, sabiam que seu desempenho não estava à altura.

É claro que a maioria dos gerentes não tem poder nem pode se dar ao luxo de começar com uma demissão em massa desse tipo. Mas a melhor oportunidade de ser objetivo se dá quando você contrata um novo funcionário e quando ele vai embora. É importante descartar qualquer um que:

- **Não tenha iniciativa.** É aquele funcionário que age sempre de forma passiva ou reativa, em vez de arregaçar as mangas e correr atrás.
- **Não saiba assumir e cumprir compromissos.** Pessoas assim acham que os outros farão o seu trabalho.
- **Não saiba e não queira cooperar.** Pessoas assim sempre encontram uma forma de dizer "Sim, mas..." e fogem das responsabilidades referentes a decisões tomadas por terceiros.
- **Se recuse a assumir responsabilidade por suas próprias decisões, atos e conseqüências relacionadas.** Pessoas assim não assumem seus erros e relutam em arcar com as conseqüências. Elas acham que se desculpar é o suficiente.
- **Não aprenda com os erros.** Todos erram, mas alguns simplesmente continuam cometendo os mesmos erros.
- **Não tenha imaginação nem curiosidade.** Pessoas assim preferem reclamar do que está errado a encontrar soluções que possam melhorar a situação.
- **Seja antiético.** Não dá para administrar alguém que não tenha *discernimento* para saber qual a coisa certa a fazer, que não tenha *integridade* para fazê-la, *caráter* para enfrentar aqueles que não agem corretamente e *coragem* para impedir os que se recusam a fazê-lo.

PARA REFLETIR
Se você quer dar uma vantagem para a concorrência, mantenha na equipe as pessoas que deveria demitir.

➢➢➢ Dicas de como agir

1. Quando você é responsável por fazer avaliações de desempenho de terceiros, tenha em mente as seguintes perguntas:
   - Você contrataria essa pessoa outra vez? Caso positivo, por quê? Caso negativo, por que não? Se você fosse contratá-la novamente, em que função ela seria de mais valia para a sua empresa?
   - Considerando aquilo que você sabe sobre ela, quais são os seus pontos fortes? E fracos?
   - Se você decidir que vale a pena mantê-la na equipe, de que maneira poderia ajudá-la a maximizar seus pontos fortes? (O livro *Descubra seus pontos fortes* de Marcus Buckingham pode ajudá-lo a entender melhor como fazer isso.)

2. Use o "Formulário de compromissos entre você e terceiros" (Anexo 4)

   Essa ferramenta é útil em avaliações de desempenho. Ela também ajuda a tornar o processo menos estressante, facilitando a definição de expectativas realistas e explícitas para seus funcionários. (Não confunda expectativas razoáveis com expectativas realistas. Razoável é aquilo que faz sentido; realista é aquilo que provavelmente ocorrerá. Por exemplo, é razoável esperar que um funcionário aprenda a usar um novo programa de computador; é irrealista esperar que pessoas que não têm inclinação para a área técnica o dominem.) Você pode usar a ferramenta para discutir suas observações e pedir que o funcionário apresente o seu ponto de vista. No formulário você também encontrará um caminho lógico para identificar características que precisem ser aperfeiçoadas.

   Para criar o seu próprio formulário, consulte a tabela do anexo 4.

Capítulo 25

Esperar ser valorizado pelo chefe

> A engrenagem que chia mais alto é aquela que é lubrificada.
>
> — Josh Billings

Desde o início, Charlene era uma estrela. Quando foi contratada pela empresa atual, ela trabalhava para a concorrência, de onde foi "roubada", e seu chefe ficou muito feliz por tê-la em sua equipe. Havia grandes expectativas em jogo.

Em dois anos ela atingiu todas as expectativas. A cada mês Charlene apresentava cifras sólidas de vendas. Ela acumulava milhagem em viagens para reunir-se com clientes potenciais e antigos. Inventava novas estratégias criativas e era uma das melhores da equipe. Ao menos era o que ela achava.

Sendo assim, quando seu chefe, Jim, avisou que marcaria almoços com cada um dos membros da equipe para discutir seu progresso, ela tinha certeza de que conversariam sobre um inevitável aumento e uma provável promoção.

Entretanto, depois de terem comido a salada, o prato principal, a sobremesa e tomado o café, a palavra "aumento" ainda não havia sido mencionada. Em vez disso, o chefe perguntou sobre os projetos em que ela estava trabalhando, e pediu que ela falasse um pouco sobre os clientes. Quando, finalmente, começaram a conversar sobre o desempenho de Charlene, a única coisa que ele disse foi "muito bom, continue assim".

Então Charlene decidiu tocar no assunto:
— Jim, eu acho que mereço um aumento.
Jim tomou um longo gole de café.
— Interessante.
Ele levantou uma sobrancelha, com um semblante investigativo:
— Por quê?
Charlene falou sobre todas as metas que havia atingido, e ainda acrescentou algumas coisas a mais, inclusive dois projetos que havia assumido voluntariamente. Em seguida, observou que havia trabalhado mais do que os colegas, e citou em quantas contas havia trabalhado.
— Isso é ótimo, Charlene — disse Jim —, mas não sei se é o momento certo para um aumento. O resto da equipe também tem trabalhado muito. Que tal umas férias como recompensa por enquanto? Tenho certeza de que você está cansada e seria bom descansar um pouco.

Charlene corou. Era como se ela estivesse em um elevador, subindo até o último andar de um prédio, e de repente o cabo arrebentasse. Ela, que estava se sentindo o máximo, de repente viu tudo ruir. Ficou aborrecida, mas tentou disfarçar.

À noite, ela reclamou com o marido que o chefe não reconhecia seus esforços. Estava pensando seriamente em pedir demissão. Depois de alguns dias de folga, Charlene voltou, ainda magoada, e começou a atualizar o seu currículo.

Ironicamente, o chefe *havia* pensado em dar um aumento a ela no fim do ano, mas não estava preparado para conversar sobre o assunto naquele momento. Mas ficou sem ação com aquele pedido ousado e repentino, principalmente com a comparação com os colegas de equipe.

Tudo bem, há situações em que você tem grandes expectativas ou sente que tem direito a algo grande. Faz parte da natureza humana pensar mais nos *nossos* desejos e necessidades do que nos desejos e necessidades dos outros; afinal de contas, não sabemos ler pensamentos. É provável que você nunca tenha feito uma avaliação consciente das empresas para as quais trabalha. Você atingiu muitas metas; acha que seu currículo e sua formação falam por si sós. Você se acha um prodígio. Acha que seu chefe já está tão impressionado com o seu desempenho que nem vai se preocupar em fazer uma análise mais cuidadosa.

Também é muito comum não ter em mente as grandes metas da sua empresa ou do seu chefe. Você acha que, como ele se deu ao trabalho de contratá-lo, está feliz por tê-lo na equipe. Contanto que você trabalhe, gere lucros e não atrapalhe, tudo bem. Você também acha que trabalhar duro lhe dá crédito extra.

Entretanto, meu amigo, trabalhar duro não é o mesmo que trabalhar de maneira inteligente.

Antes de pedir um aumento, Charlene poderia ter analisado a situação sob o ponto de vista de Jim. Ela não era a única com quem ele precisava se preocupar, havia outras pessoas em sua equipe, além do "pessoal do andar de cima". O chefe de Jim esperava muito dele, e ele estava sofrendo uma pressão enorme com relação a prazos e sendo pressionado a contribuir mais para os lucros. Provavelmente, tinha poucas horas de sono. A última coisa de que precisava era uma exigência de uma funcionária que havia apenas convidado para um almoço cordial. Se Charlene realmente quisesse conquistar seu chefe, poderia ter parado de pensar naquilo que ela merecia e começado a pensar no que poderia fazer para tornar a vida dele mais fácil.

Esta é a mais pura verdade: é provável que o seu chefe não queira saber quem você é ou o que você sabe. Ele quer saber o que você fez por ele. Faça algo que traga resultados positivos para a imagem do seu chefe ou que seja positivo para a carreira dele, e você terá mais chances de receber a recompensa desejada. Descubra algo que seu chefe queira muito, algo de que ele precise, e faça com que ele atinja essa meta de uma forma que todos reparem (sem que você precise chamar atenção para o fato). Atinja resultados excelentes com um mínimo de treinamento ou apoio, e seu chefe reconhecerá rapidamente o valor do seu trabalho.

> Você pode conseguir tudo o que quiser na vida se souber ajudar os outros a conseguirem o que querem.
>
> — Zig Ziglar

O QUE seu chefe espera de você?

- *Mais.* Independentemente de admitirem ou não, todos querem mais. Quando você dá ao seu chefe mais do que ele espera, ele passa a se achar inteligente por ter você na equipe.
- *Qualidade.* Até mesmo aqueles que querem quantidade buscam qualidade naquilo que você produz. Se você conseguir apresentar resultados de alta qualidade que estejam além das expectativas não só do seu chefe, mas também do chefe dele, passará a ser muito mais valorizado.
- *Rapidez.* Tempo é dinheiro. Pode ser que seu chefe pressione você para ser mais rápido porque está sofrendo o mesmo tipo de pressão por parte de seus superiores. Se você conseguir apresentar resultados mais rapidamente do que ele espera, sem prejudicar a qualidade ou errar, você se destacará perante os outros funcionários que não conseguem cumprir prazos.
- *Menos despesas.* O seu chefe tem um orçamento a cumprir. Se o lucro que você gerar for muito maior do que o custo do seu projeto ou, melhor ainda, o custo do seu emprego, você é uma estrela. Até mesmo o seu custo pode ajudá-lo a se destacar dos outros.
- *Mais segurança.* Alguns chefes gostam mesmo é de adrenalina, e querem mais é meter o pé na tábua, deixando de lado as preocupações com detalhes, mas o medo das derrapagens em potencial é maior. Seja aquela pessoa que ajuda seu chefe a assumir projetos maiores e melhores com segurança.

Se você trabalhar para conseguir resultados em qualquer uma dessas áreas, terá um trunfo que fará com que se sobressaia e consiga o aumento merecido.

> **PARA REFLETIR**
> Faça algo por seu chefe antes de esperar que ele faça algo por você.

➤➤➤ Dicas de como agir

1. Quando pensar em pedir um aumento ou uma promoção, responda a seguinte pergunta: por que você acha que merece? E por que acha que agora é o momento certo?
2. Escolha um momento em que você tenha atingido alguma meta importante para o seu chefe.
3. Procure ter consideração. Se você precisa pedir algo, nunca peça na hora errada. Se há algo que precise pedir, escolha um momento em que seu chefe esteja de bom humor.
4. Se quiser propor algo novo, analise bem o assunto e pense nas possíveis objeções. Como você reagiria a elas?
5. Na próxima avaliação de desempenho, pergunte a seu chefe que metas você deverá atingir para conseguir um aumento ou uma promoção.
6. Por fim, ao se preparar para reuniões com seu chefe, tenha este conselho em mente: tenha grandes esperanças e expectativas realistas, mas não conte com nada.

Capítulo 26

Ter medo de fazer ou receber avaliações de desempenho

> Uma análise negativa é melhor do que nada. Falem mal, mas não me ignorem. Se alguém me odeia é porque faço diferença.
>
> — Hugh Prather

QUE PENSAMENTO *ADORÁVEL* sobre avaliações! Será que nesse caso Hugh Prather está sendo sensível demais? Talvez ele esteja sendo sincero, mas o nível do seu cinismo ou ceticismo com relação ao que ele disse revelará com que grau de desconforto — ou até mesmo paranóia — você aborda a questão de fazer e receber avaliações.

As avaliações de desempenho respondem por um dos aspectos mais desagradáveis da vida empresarial. A maioria dos chefes que conheço odeia fazer avaliações de desempenho por achar que precisa andar sobre ovos na hora de tecer críticas. Para a maioria dos funcionários, as avaliações de desempenho são como um exame médico desagradável (tipo um exame de toque ou de próstata) equivalente, do ponto de vista psicológico, a cutucões e futucadas com um instrumento frio de plástico. É um ritual anual ou semestral que precisa ser encarado, por pior que seja.

> "Críticas construtivas" são uma enganação usada por pessoas que querem acabar com você. E elas querem que você acredite que estão fazendo isso para o seu próprio bem.
> — Cheri Huber

QUANDO ESTÃO prestes a receber suas avaliações de desempenho, algumas pessoas entram em pânico, principalmente quando sabem que não se saíram tão bem quanto esperavam, por uma série de motivos (que podem ser reais ou imaginários).

Vicky, uma conhecida minha, havia passado por um ano difícil em casa. Ela havia tido um problema de doença na família e, por conta disso, havia furado alguns prazos importantes e tirado uma licença prolongada. Ela amava seu emprego e se orgulhava do seu trabalho. Mas tinha certeza de que o fato de ter "relaxado" naquele ano seria um assunto sério a ser discutido no Dia do Juízo Final. Ela ficou tão nervosa com relação à reunião com seu chefe que ligou avisando que estava doente no dia marcado. Tinha ficado doente por causa da preocupação.

> As pessoas pedem críticas, mas só querem elogios.
> — W. Somerset Maugham

AVALIAÇÃO É, na verdade, um termo neutro. Ela pode ser positiva ou negativa. Então por que você tem tanto receio de receber a avaliação de desempenho? Assim como ocorre com muitos temores semelhantes, o temor das avaliações resulta do medo de ser criticado, que tem suas raízes na infância. Pais muito críticos gostam de controlar até os pensamentos de seus filhos, e a situação às vezes chega a um ponto em que mesmo as críticas feitas com amor soam para um criança como críticas duras. A mensagem passada pela crítica é algo tão avassalador, algo que impera de tal maneira, que todas as outras mensagens acabam sendo anuladas.

A auto-imagem de filhos de pais críticos em geral é frágil. Se você foi uma criança criticada, talvez seja uma daquelas pessoas que dá tudo de si no trabalho para provar que é capaz, e provavelmente consegue atingir esse objetivo. Mas isso não o torna uma pessoa alegre, principalmente na época das avaliações.

Ironicamente, em parte a maioria das avaliações acaba não sendo eficaz porque, em geral, os chefes sentem-se pouco à vontade para lidar com o processo. Se você é responsável por uma equipe, pode ser que acabe projetando nela lembranças do quanto você já se sentiu triste, magoado ou aborrecido ao receber uma avaliação. É como se você fizesse um esforço sobre-humano para evitar que a sua equipe passe por aquilo que você passava quando chegava o momento de receber uma avaliação.

Entretanto, nesse esforço para não magoar um funcionário nem deixá-lo aborrecido, talvez você passe uma hesitação tão grande que acabe por transformar a mágoa em um insulto. Você e seu funcionário sabem que o desempenho dele pode não ter sido perfeito durante o ano. Mas a sua dificuldade de lidar com o assunto parece prolongar a agonia do seu funcionário, que quer descobrir qual a "punição" (em termos de "áreas que precisam ser melhoradas" ou "metas para o próximo ano"). Como um adolescente, é provável que seu funcionário prefira um tapa rápido do que um longo sermão.

Como vocês dois poderiam escapar desse ciclo vicioso? Considerando que o objetivo da avaliação não é magoar, punir nem humilhar, mas sim dar aos funcionários a chance de serem mais eficazes no futuro, a meta, dos dois lados, deveria ser neutralizar os temores de ambas as partes.

> ***Para refletir***
> A oportunidade de fazer algo da maneira certa no futuro é muito mais motivadora do que ter que pagar pena por algo feito da maneira errada no passado.

➤➤➤ Dicas de como agir para pessoas que vão receber avaliações

Se você está para receber uma avaliação de seu desempenho, poderá driblar os seus temores e os do seu chefe tomando a frente da situação: faça uma auto-avaliação, defina metas realistas, crie um sistema de apoio sólido e dê a você mesmo uma recompensa por suas conquistas ao superar um obstáculo.

O consultor de executivos Marshall Goldsmith desenvolveu o conceito de "passar a bola para a frente" para ajudar as pessoas a lidarem com situações em que não há vantagens para nenhum dos lados. O processo funciona da seguinte maneira:

1. Escolha superiores, colegas ou subordinados que tenham algo a ganhar se você for mais eficaz (ou seja, que se beneficiariam com um melhor desempenho da sua parte).
2. Diga-lhes que você está se aperfeiçoando profissionalmente e gostaria de trabalhar de maneira mais eficaz com cada um deles.
3. Tenha em mente a etapa 2, e peça a cada uma das "partes interessadas" que mencione comportamentos observáveis e distintos que você poderia melhorar dali em diante e fariam com que eles tivessem mais respeito por você, tornando seu trabalho juntos mais fácil e eficaz. (Isso é o que eu chamo de "humildade audaciosa"; é algo que desarma as pessoas.)
4. Tente escutar o que essas pessoas têm a dizer sem assumir uma postura defensiva. Seja o mais objetivo possível. Peça-lhes que expliquem melhor os pontos que não ficarem claros para você,

para que ambos saibam exatamente qual o comportamento que gostariam que você mudasse.
5. Quando você entender e manifestar que entendeu qual(is) a(s) mudança(s) desejada(s), repita o que foi dito: "Então se eu mudasse X e Y e mantivesse essas mudanças daqui para a frente, você conseguiria deixar para trás nossos antigos problemas e poderia tentar trabalhar comigo outra vez. Foi isso que você quis dizer?"

Essa abordagem pode ajudá-lo a trazer muitas pessoas para o seu lado (veja o capítulo "Não conseguir a adesão da equipe") e, se tudo der certo, elas cooperarão e encontrarão uma nova forma de trabalhar com você.

➤➤➤ Dicas de como agir para pessoas que vão efetuar avaliações

1. Consulte o "Formulário de compromissos entre você e terceiros" no capítulo 24 e no anexo 4.
2. Em vez de esperar para corrigir coisas erradas em uma única reunião desagradável, corte os problemas pela raiz, ou antes mesmo de se tornarem raízes. É muito mais difícil corrigir um problema já arraigado.
3. Peça aos funcionários que façam uma auto-avaliação antes da avaliação formal. Assim seu funcionário estará preparado depois de ter feito uma autocrítica, tirando o peso das suas costas. As questões poderão ser discutidas mais abertamente e você poderá consolar aqueles que tenham sido duros demais consigo mesmos, como acontece com freqüência.
4. Durante a avaliação, espante a sua dificuldade de lidar com o assunto falando abertamente sobre o quanto você já se sentiu desconfortável ao receber e efetuar avaliações; em seguida, inicie um debate positivo sobre aquilo que o funcionário fez de bom durante o ano.

5. Concentre-se no futuro. Não perca muito tempo falando sobre o desempenho do passado. Em vez disso, o debate deve ser sobre metas futuras e desempenho eficaz. Metas específicas, de preferência com prazos e resultados concretos, podem ajudar o funcionário a ter algo com que trabalhar logo de início.

Capítulo 27

Confundir um desabafo com críticas duras

> Talvez esqueçam o que você disse, mas jamais esquecerão como se sentiram por causa disso.
>
> — Carl W. Buechner

DURANTE O ALMOÇO, MEGAN OUVIU atentamente o desabafo de sua colega Jennifer sobre outra colega.
— Sabe, a Diane não é tão inteligente quanto o chefe acha que ela é — disse Jennifer. — Eu fico louca de ver como ele faz tudo para agradá-la. Ele está cego para os defeitos dela, ela conseguiu enganá-lo direitinho!
Megan concordou, e aproveitou a oportunidade para desabafar também.
— Bom, ele não é lá uma pessoa muito objetiva — disse. — Quer dizer, ele só vê o que quer.
Ela sentiu um rubor na face ao lembrar como ele não havia dado a mínima para uma proposta considerada muito boa por ela. Bem, essa foi a sensação que ela teve.

De repente, Megan começou a pôr para fora todo o seu ressentimento com relação ao chefe. Disse que, além de ele ter lá seus protegidos, ainda por cima era bitolado e narcisista. Ele fazia Megan lembrar do ex-marido, que se achava o tal, um presente de Deus para as mulheres quando, na verdade, era covarde e safado. Aquela conversa foi se tornando uma longa sessão de duras críticas ao seu ex-marido e aos homens em geral.

Jennifer observava silenciosamente Megan disparar uma ladainha cada vez mais fora de controle. "Caramba", pensava Jennifer, "a Megan é realmente problemática." Depois disso, ela parou de convidar Megan para almoçar, achando que uma pessoa tão hostil assim deveria ser evitada.

Jennifer começou o papo com um pequeno desabafo sobre Diane; Megan transformou o desabafo em uma sessão de reclamações.

Qual a diferença?

Todos nós precisamos pôr para fora nossas frustrações de vez em quando. Se fizermos isso com pessoas em quem confiamos e que confiem em nós, é uma tática útil para ajudar a manter a compostura. Jennifer precisava desabafar um pouco sobre Diane com uma colega com quem *achava* que havia uma confiança mútua. Megan pôs essa amizade à prova ao ir longe demais com suas reclamações, falando mal do chefe, depois do ex-marido, depois dos homens em geral.

Essa ladainha de reclamações é como uma avalanche verbal que soterra os outros. É aterrorizante ficar soterrado sob os problemas e palavras dos outros. A vítima sente-se sufocada e contrariada.

O que faz com que você aja assim? Em primeiro lugar, é provável que você não saiba como se expressar de maneira eficaz para a pessoa com quem está chateado (veja o capítulo "Temer confrontos"), então acaba precisando desabafar de tempos em tempos com outra pessoa para não explodir. Entretanto, é comum as pessoas guardarem esses sentimentos ruins e, quando finalmente surge uma oportunidade de desabafar, elas acabam agarrando-a para pôr para fora absolutamente tudo, até não sobrar mais nada.

Os adolescentes adoram sempre criticar os outros porque sabem que os outros também têm problemas e, às vezes, isso torna nosso fardo mais leve. Com essa tática, os adolescentes podem sentir-se melhor de duas maneiras. Primeiro, ao expressarem seus sentimentos de frustração, descontentamento e desventura eles conseguem afastar a vontade de reagir fisicamente (ou seja, recorrendo à violência, às drogas ou a outros comportamentos destrutivos, inclusive distúrbios alimentares). Em segundo lugar, falar mal dos colegas faz com que os adolescentes sintam-se menos sozinhos e traz uma enorme satisfação. É como se eles criassem um rebanho para seguir sua causa.

Quando somos adultos, esse comportamento tem o efeito oposto. Em vez de criarmos um rebanho, criamos uma enorme distância entre nós e a vítima da avalanche, pois a cada momento que passa e você se sente mais aliviado, ela começa a sentir-se mais frustrada e subestimada.

> Podemos erigir um trono com baionetas, mas não podemos permanecer sentados nele por muito tempo.
>
> — Boris Yeltsin

Ao criticar em vez de desabafar, você faz com que a pessoa com quem está falando tenha a sensação de estar sendo atropelada (veja o capítulo "Ser arrogante") e se desligue. Pior ainda, ela se sente diminuída.

Quando você sente a necessidade de desabafar, o desafio é impedir que esse desabafo vá longe demais. Ou seja, você precisa evitar que o desabafo passe dos limites, tornando-se um feitiço que pode se virar contra você. (Por exemplo, Jennifer poderia ter espalhado para todo mundo o que Megan disse, e isso poderia ter chegado aos ouvidos do chefe, mas ela preferiu simplesmente evitá-la.) Para isso, você precisa encontrar maneiras mais saudáveis de lidar com seus sentimentos com relação à pessoa que o frustra (veja o capítulo "Temer confrontos" para obter algumas dicas de como lidar com essa questão).

Além disso, quando você aprende a perdoar (veja o capítulo "Não saber perdoar") e descobre maneiras de superar a frustração (veja o capítulo "Frustrar-se"), poderá chegar à raiz do problema e acabar com o hábito.

> **PARA REFLETIR**
> Criticar duramente outras pessoas não resolve problema algum.

➢➢➢ Dicas de como agir

1. Saiba que reclamar sem parar (numa choradeira sem fim ou em ocasiões distintas) sobre algo que o incomoda não é desabafar, é passar dos limites em suas críticas e reclamações, e faz com que simpatizantes e pessoas que torcem por você passem a torcer contra você. Sua retórica pode fazer com que se sinta melhor, mas faz com que as outras pessoas sintam-se mal.
2. Policie-se. Lembre da conversa. Se você tiver reclamado demais, peça desculpas à outra pessoa. Peça que ela o ajude a ver se você estava mesmo apenas desabafando ou reclamando além da conta.
3. Lembre sempre que um desabafo pode trazer alívio, mas não resolve o problema. Desenvolva uma abordagem mais eficaz para lidar com as pessoas ou situações frustrantes com o auxílio das dicas fornecidas nos capítulos "Temer confrontos" e "Frustrar-se".

Capítulo 28

Temer confrontos

> A tolerância é uma virtude muito besta. É monótona. Ao contrário do amor, sempre foi criticada. É negativa. Significa que você simplesmente atura as pessoas e consegue agüentar diversas coisas.
>
> — E.M. Forster

EM TODOS os sentidos, Frank era um sucesso no Vale do Silício. Aos 39 anos, tinha um diploma de Stanford, era muito bem-sucedido, e fundador e CEO de uma empresa de software com cinqüenta funcionários; Frank morava numa casa grande e bem localizada em Palo Alto, na Califórnia. Ele tinha muito dinheiro no banco e a retaguarda garantida por muitas promessas dos investidores.

Apesar de todo esse sucesso, Frank considerava a sua vida profissional um paradoxo. Ele havia realizado o sonho de abrir e administrar sua própria empresa, mas odiava seu trabalho. Na verdade, ele detestava tanto ir trabalhar todos os dias que às vezes simplesmente sumia e ia jogar golfe, deixando todos se perguntando onde ele estava e quem tomaria as decisões. Um belo dia, Frank faltou a uma reunião importante e a empresa perdeu um grande contrato.

Suspeitando que havia um problema — seria uma mulher? Drogas? —, o conselho pediu satisfações, e me chamou para mediar o processo. Foi marcada a reunião.

É muito desagradável ver um homem alto, bem apessoado, educado, bem-sucedido, ativo e inteligente — o típico bom menino — ser pego aprontando.

— Eu não sou um irresponsável — ele disse logo no início, e eu acreditei.

A questão era que Frank simplesmente não agüentava Mike, o diretor financeiro da empresa, nomeado pelo conselho. Um homem 15 anos mais velho que Frank que, segundo ele, fazia o Tio Patinhas parecer generosíssimo. Até mesmo o tom de voz desagradável de Mike deixava Frank estressado. Na semana anterior, depois de ouvi-lo atormentando um fornecedor ao telefone, a frustração de Frank chegou ao seu limite.

— Às vezes o Mike me deixa tão frustrado que eu saio para um almoço prolongado ou simplesmente saio mais cedo — disse Frank.

— Mas e os funcionários que têm que trabalhar com esse cara? — perguntei.

— Bom, por ser o fundador da empresa, eu achei que podia fazer meu horário.

Ele fez uma pausa e continuou:

— Os outros têm que aturá-lo, eu acho. Nós precisamos dele. Mas todo mundo fica mais feliz quando o Mike falta porque está doente.

— Então quando ele não está doente, *você* fica.

Fez-se silêncio.

— Você acha que foi por causa dele que aquela funcionária do departamento de contabilidade pediu demissão?

— O departamento de RH fez uma entrevista com ela na época em que ela saiu, mas não disseram que foi por causa do chefe — respondeu. — Mas agora que você mencionou a possibilidade, tenho certeza de que foi por isso que ela saiu. Mike era um verdadeiro filho-da-puta com ela. Com todo mundo. Ninguém gosta dele.

— Talvez o pessoal de RH não lhe tenha dito nada por saber que você não tomaria nenhuma atitude a respeito — arrisquei-me a dizer.

— Talvez o fato de não gostar da maneira como Mike a tratava não tenha sido o único motivo para seu pedido de demissão. Talvez ela estivesse desapontada com você.

Não era Frank quem mandava na empresa; era Mike. Todos pareciam saber que Frank estava passando por uma fase de negação, morrendo de medo de enfrentar a realidade do Ogre. Como o chefe poderia ser tão cego?

Como qualquer pessoa que se prende a alguém que não presta, Frank não via que uma catástrofe estava para acontecer. Ele havia permitido que a influência de Mike acabasse com a sua vida; Mike não havia acabado apenas com o entusiasmo de Frank para o trabalho. A passividade de Frank desagradava os funcionários. O conselho suspeitava de sua incompetência. Os investidores mostravam sinais de preocupação. Seus filhos se perguntavam onde estava o pai. Sua esposa estava pensando em pedir o divórcio. Seu emprego dos sonhos estava ameaçado. Escondido dentro do seu refúgio psicológico, Frank não tinha a menor idéia do que estava acontecendo.

Por que não enfrentamos as pessoas que, dia após dia, sugam nosso entusiasmo e nossa vitalidade e amargam as vidas de todos que nos cercam? É porque temos medo de provocar essas pessoas a ponto de fazê-las perder o controle e se vingarem de nós? Ou é porque não queremos provocá-las?

A maioria dos psicólogos diria que a sua dificuldade de enfrentar pessoas muito desagradáveis tem origens na sua estratégia para lidar com a família. Frank, por exemplo, tinha um pai alcoólatra e rude que reprimia seus filhos verbal e fisicamente. Quando era confrontado pela esposa, a situação só piorava. Assim, como qualquer criança inteligente e racional, Frank sumia. Ele ficava em casa o mínimo possível quando o pai estava lá, embora, no fundo, quisesse aprovação da parte dele. Ele compensava esse lado se esforçando para ser reconhecido na grande instituição abstrata e patriarcal: a escola. Mas os diversos diplomas não trouxeram a liberdade. Mesmo sendo um adulto com altíssimo potencial, Frank ainda ficava sem ação perante essa figura amada que o depreciava. Seu papel na família havia sido transferido para o respeitado, porém aterrorizante, Mike.

Na consulta seguinte com Frank, descobri que um medo ainda maior o controlava. É um medo que parece ir contra a intuição quando o objetivo é evitar confrontos. Acontece que Frank morria de medo de perder o controle com Mike. Como a maioria das pessoas, Frank se achava um cara inteligente, racional e calmo. Confrontar esse pseudopai mal-humorado e temperamental por quem ele havia acumulado muita raiva poderia fazê-lo perder o controle. E se a reação de Mike fosse extrema, como Frank achava que seria, considerando o que ele havia testemunhado com o próprio pai? Se acontecesse, a pólvora psicológica de Frank poderia explodir. Talvez ele perdesse o controle. Ele poderia explodir. Talvez até...

Então ele optou por manter a calma, a compostura — e agir de maneira irresponsável.

A freira australiana Elizabeth Kenny, pioneira na área de medicina, já dizia que "aquele que irrita, domina". A pergunta é: como enfrentar pessoas que têm uma atitude negativa sem estourar com elas? Como chamar a atenção delas sem perder o controle e arriscar piorar a situação ou sofrer uma retaliação?

> Um homem de coragem é maioria.
>
> — Andrew Jackson

Você precisa de uma *estratégia de substituição preventiva*, ou seja, uma estratégia que mude a dinâmica de poderes e mude completamente quatro aspectos psicológicos significativos de uma vez. Encontre um princípio para defender, em vez de concentrar todas as suas forças no sentido de agredir o inimigo, e você conseguirá manter o foco, ter controle da situação e atacar usando a inteligência, não a força. Você seguirá este axioma:

$$\text{Agressão} + \text{Princípio} = \text{Convicção}$$
$$\text{Agressão} - \text{Princípio} = \text{Hostilidade}$$

O que acontece quando você aplica essa estratégia contra uma pessoa que está agindo de maneira errada? Primeiro define as regras de comportamento que espera que ela siga ao dar o exemplo de agir de maneira racional e com base em um princípio em vez de se deixar levar por uma troca de acusações, o que não leva a lugar algum. Agir por princípio torna mais leve o fardo de assumir a responsabilidade por tudo de ruim que aquela pessoa representa. A responsabilidade dessa pessoa passa a ser guiada por uma "lei" ou por um princípio geral (uma indicação de que ela passou dos limites, entrando numa zona proibida).

De forma semelhante, em vez de gerar mágoa e fazer com que a pessoa assuma uma posição defensiva, basear seus atos em princípios faz com que *elas* busquem a *sua* aprovação. Dessa forma, a pessoa que tem a atitude negativa fica em alerta, pois fica sabendo que você vai policiar seus passos. Se ela não seguir as regras do jogo, terá que enfrentar as conseqüências. Assim você recupera o poder e a autoridade.

Finalmente, agir com base em princípios permite que você veja seus inimigos sob outra perspectiva. Abrindo as portas, mesmo que apenas uma fresta, para permitir que eles mostrem o que têm a oferecer, cria-se uma oportunidade para mudanças.

Frank descobriu que era muito simples e eficaz defender o princípio de torcer pela pessoa ou contra ela. O segredo desse princípio está em encontrar algo — qualquer coisa — que seja possível valorizar, honestamente, na pessoa que tem um comportamento negativo. Há algo referente à sua inteligência, sinceridade, astúcia, ousadia, honestidade ou a qualquer outra coisa que você admire, mesmo que relutantemente? Use a qualidade que você valoriza naquela pessoa como ponto de partida. Isso quer dizer que você dirá a ela que quer ficar do seu lado por causa de seus talentos e suas contribuições, mas está tendo dificuldades em fazê-lo. A meta é fazer com que seu inimigo mude de comportamento ou caia fora.

Armado com o princípio de "ou eu torço por você ou contra você", Frank pensou nas contribuições que Mike trazia para a empresa. Mike era um cara competente. Ele tinha vasta experiência com empresas bem-sucedidas. Tinha um histórico impressionante, havia aberto o capital de muitas empresas privadas. Tinha boas relações com os investidores, e assim por diante. Na manhã seguinte, Frank pediu a Mike que fosse até a sua sala e disse, com toda a sinceridade, que queria torcer por ele, e deu seus motivos para tal.

— Mike — disse ele —, você é um excelente diretor financeiro. Tem muita experiência. O conselho acredita em você como uma peça importante para esta empresa.

Em seguida, veio o porém. Ele disse que tinha dificuldade de torcer por ele porque a conduta negativa de Mike havia tornado aquele um local de trabalho muito desagradável para os outros.

— Mike — disse Frank com convicção —, eu estou muito perto de torcer contra você. As pessoas se sentem intimidadas por você e obtém *bons* resultados, mas poderia inspirá-las e obter *excelentes* resultados. Elas têm medo de você não por você ser exigente, mas por ser excessivamente crítico. Eu sei que isso não faz sentido para você, pois sempre trabalhou assim e sempre deu certo. Você tem uma carreira longa e bem-sucedida. Mas, de hoje em diante, não admitirei que ninguém venha trabalhar com medo nesta empresa. Ninguém! Ou você muda seu *modo* de trabalho ou vai ter que mudar seu *local* de trabalho.

O tom de voz de Frank deixava claro que ele lamentava a possibilidade de alguém tão talentoso sair da empresa, mas era obrigação dele assegurar que aquele fosse um local de trabalho seguro.

E aqui vem a surpresa: Mike ficou *grato pela opinião sincera*. Ele até admitiu que tinha um problema.

— A maioria das pessoas prefere não lidar comigo — confessou.

Ele já tinha tido problemas antes por causa do seu comportamento, mas ninguém nunca havia tido coragem de lhe dizer isso. No fim das contas, Mike tornou-se um colega de trabalho mais agradável, Frank ficou no seu emprego, e a empresa cresceu muito.

PARA REFLETIR
Não dá para trabalhar *com* uma pessoa se você torce *contra* ela.

➤➤➤ **Dicas de como agir**

1. Pegue uma folha de papel e desenhe uma linha vertical no meio.
2. Do lado esquerdo, escreva os nomes de todas as pessoas que têm posturas negativas, sugam toda a sua energia e que você odeia ver.
3. Do lado direito, escreva os nomes de todas as pessoas que lhe dão energia e motivação.
4. Encontre um princípio que gostaria de defender.
5. Enfrente as pessoas que têm comportamentos negativos mostrando o quanto você lamenta o fato de que está começando a se virar contra elas.
6. Dê-se um prazo de trinta dias para passar menos tempo com as pessoas que sugam a sua energia e passar mais tempo com aquelas que lhe trazem boas energias (e prossiga com essa estratégia pelo resto da sua vida).

Capítulo 29

Inventar desculpas

> Sábio é direcionar sua raiva para os problemas, não para as pessoas, e usar suas energias para encontrar respostas, não desculpas.
>
> — William Arthur Ward

— EU NÃO TIVE OPÇÃO, tinha que dar conta do pedido correndo para que ele fosse mandado a tempo — Paul explicou.

Paul trabalhava em uma empresa de periféricos para computadores, e havia sido chamado para dar explicações sobre o fato de um cliente ter recebido um produto com defeito.

— Não é de surpreender que erros tenham ocorrido — disse ele, num só fôlego. — A pressa é inimiga da perfeição. Não deu tempo de verificar com o pessoal do despacho se a embalagem estava segura. Eu fiz tudo o que pude, considerando o pouco tempo disponível. Foi um grande azar o cliente ter recebido a peça danificada. Foi uma injustiça eu ter que pagar pela peça danificada! Acho que eu tinha todo o direito de reclamar.

Em apenas alguns minutos, Paul havia dado cinco motivos diferentes para o seu erro: ele não teve opção, estava sendo pressionado para terminar o serviço em pouco tempo, não pôde verificar a embalagem junto ao despacho, seus superiores foram injustos e teve azar.

Quase todos acreditam que uma explicação é suficiente para se eximirem de suas obrigações, independentemente de seus poderes ou suas responsabilidades. Ken Lay, da Enron, *explicou* que não sabia que seus altos gerentes estavam maquiando a contabilidade. Michael Eisner, CEO da Walt Disney, *explicou* por que decidiu pagar a seu ex-melhor amigo, Michael Ovitz, uma indenização enorme quando este se desligou da empresa.

Todos têm uma explicação. Entretanto, uma explicação é, pura e simplesmente, uma desculpa, embora algumas pessoas tentem tornar o ato mais nobre dizendo que estão dando uma explicação, não uma desculpa. E é engraçado ver como pessoas que não suportam ouvir explicações ou desculpas dos outros acham que as explicações e desculpas delas deveriam ser consideradas legítimas.

> Pessoas que são boas em arrumar desculpas raramente são boas em qualquer outra coisa.
>
> — Benjamin Franklin

POR QUE você continua achando que suas explicações devem ser suficientes para que você seja perdoado, considerando que elas são muito fracas? Quando entenderá que, quando comete um erro que afeta terceiros, eles não querem saber por que você errou?

Mesmo que seu chefe pergunte como você pôde fazer uma coisa dessas, não quer dizer que ele esteja pedindo uma explicação ou mesmo uma resposta. Se ele pergunta "Como você fez isso?", está, na verdade, fazendo uma afirmação em forma de pergunta. O que ele quer dizer é que não acredita como você pôde fazer aquilo. E quer saber o que você vai fazer para resolver o problema. Mas ele não diz isso claramente. Por quê? Porque é mais fácil culpá-lo do que admitir o fato de que algo que você fez o tenha deixado vulnerável. O seu erro prejudica a imagem do seu chefe, e ele se acha na obrigação de consertá-lo.

Como você criou esse hábito de inventar desculpas? É provável que tenha treinado bastante com sua família:

— *Mamãe, o João jogou uma pedra em mim!*
— *João, por que você jogou uma pedra na sua irmã?*
— *Eu não joguei uma pedra nela. Ela é que estava no meio do caminho!*

Se você cresce rodeado por pessoas que o culpam, automaticamente assume uma postura defensiva quando faz alguma besteira. Você inventa explicações não só para fugir dos castigos. De maneira irônica e pungente, você faz isso num lamentável esforço para recuperar a dignidade quando está envergonhado. Acima de tudo, quer ser perdoado e absolvido. As explicações para o seu mau comportamento são uma tentativa de conseguir que passem a mão na sua cabeça e digam que está tudo bem, como talvez você gostaria que seus pais tivessem feito.

O pior lado das explicações é que, mesmo quando você tem a sensação de que se safou, elas só pioram a situação. Ficar inventando explicações faz você parecer mais tolo do que nunca.

Por outro lado, ao assumir a responsabilidade por seus erros, você amadurece e recupera a sua dignidade. Pessoas maduras entendem que erros ocorrem no local de trabalho. Responsabilidades não têm nada a ver com culpa e castigo. Assumir responsabilidades é reconhecer e corrigir seus erros o mais rápido possível para que você possa seguir em frente e atingir seus objetivos (veja o capítulo "Não aprender com os próprios erros").

> Um dos aspectos mais importantes do trabalho de um gerente é fazer com que seus funcionários parem de inventar desculpas quando erram.
>
> — Robert Townsend

O TRUQUE para evitar explicações e desculpas é separar as metas a serem cumpridas no trabalho do seu instinto de se defender. Se a meta é aprender e crescer, é preciso assumir os próprios erros e corrigi-los. Você pode falar o quanto quiser, mas isso não mudará nada. Se Paul tivesse entendido isso, talvez tivesse assumido uma postura diferente e dito para seu chefe algo como:

— Eu errei ao enviar uma peça com defeito para o cliente. Eu tentei acelerar o processo e, conseqüentemente, a qualidade foi afetada. Farei tudo o que estiver ao meu alcance para corrigir meu trabalho no futuro. Obrigado por seus conselhos. Gostaria de saber o que posso fazer para ajudar a consertar o erro para que possamos seguir em frente.

PARA REFLETIR
Você não será desculpado se der explicações; também não será desculpado se arrumar desculpas.

➢➢➢ Dicas de como agir

1. Assuma o seu erro o mais rápido possível. Uma forma de monitorar seu comportamento é imaginar qualquer coisa que você diga ou faça na primeira página do seu jornal local. Se a idéia de vê-lo exposto onde todos possam ver o deixa com uma sensação de desconforto, é provável que seja porque você cometeu um erro e não gostaria que todos soubessem.
2. Se cometer um erro, assuma imediatamente a responsabilidade por ele. Não dê explicações a menos que elas sejam solicitadas; ainda assim, dê apenas explicações que mostrem o quanto você lamenta, com toda a sinceridade. Eis aqui algumas coisas que você pode dizer:
Eu tentei fazer A e:
- deu certo, então eu...
- não deu certo, então eu...

- descobri que não sabia como fazer isso, então eu...
- descobri que tinha feito da maneira errada, então eu...
3. Faça um plano de controle de danos, e corrija o erro para que ele não torne a ocorrer, oferecendo compensações às partes prejudicadas para que todos possam voltar à rotina habitual o mais rápido possível.
4. Não se esqueça que o local de trabalho não é o seu lar. Erros não têm nada a ver com castigos, retaliação ou humilhação. São uma oportunidade de aprendizado.

Capítulo 30

Concentrar-se nos pontos fracos

> Eu idolatrava os mortos por sua força, esquecendo que eu era forte.
>
> — Vita Sackville-West

Você deve estar se perguntando: desde quando concentrar-me em meus pontos fracos é uma conduta autodestrutiva? Afinal este livro não trata exatamente deste assunto: identificar as condutas autodestrutivas, que são pontos fracos, e superá-las?

Está bem, agora consegui confundi-lo, mas prossiga com a leitura.

Em sua grande obra *Descubra seus pontos fortes*, Marcus Buckingham, pesquisador do Gallup, postulou que as pessoas têm um desempenho muito melhor quando se concentram em fazer com que seus pontos fortes se destaquem do que quando se concentram em tentar corrigir seus pontos fracos.

É preciso fazer uma distinção entre pontos fracos e condutas autodestrutivas. No vernáculo do trabalho, um ponto fraco — e certamente seu chefe já fez essa observação em suas avaliações de desempenho (veja o capítulo "Ter medo de fazer ou receber avaliações de desempenho") — em geral diz respeito a uma habilidade que precisa ser aperfeiçoada. Infelizmente, a maioria das avaliações de desempenho concentra-se nos pontos fracos, não nos pontos fortes. Para piorar a situação, temos mais facilidade de lembrar de críticas do que de elogios. Seu chefe pode ter dito que foi um ano bom para você, mas também que poderia ser melhor ainda se você vendesse mais, atualizasse seu computador, melhorasse sua redação ou se esforçasse para gerenciar seu tempo melhor.

Uma conduta autodestrutiva, por outro lado, é mais do que um ponto fraco: é um bloqueio psicológico que o impede de ter um bom desempenho. O problema é que, ao concentrar-se em seus pontos fracos, você prejudica a sua autoconfiança, o que faz com que você acabe caindo em algumas das condutas autodestrutivas descritas neste livro.

Por exemplo, se o seu chefe lhe fala coisas positivas, mas também diz que você precisa aprender a delegar melhor ou que você tem o hábito de procrastinar, pode acontecer de você lidar com a situação sob uma perspectiva inadequada. Você começa a se diminuir, e fica obcecado com a idéia de que precisa delegar melhor ou parar de procrastinar, deixando de lado as áreas das quais você gosta e em que se destaca, ou seja, os seus pontos fortes que abrem as portas para o seu sucesso. Mas penitenciar-se por causa da sua produtividade pode ser, na verdade, contraproducente.

Segundo Buckingham, em geral é uma perda de tempo tentar transformar seus pontos fracos em pontos fortes, pois essas são habilidades que você não tem. As pesquisas mostram que, de um modo geral, não há muito como aperfeiçoar os pontos fracos. Na verdade, em muitos casos eles só pioram. Por outro lado, se você identificar seus pontos fortes e concentrar-se neles, encontrará a fórmula para o sucesso.

Vamos analisar um dos melhores exemplos dados por Buckingham: o famoso técnico John Wooden, da UCLA. Wooden disse que o segredo para o seu sucesso (como o melhor técnico de basquete de todos os tempos de um time de faculdade) era sua capacidade de reunir um time de excelentes jogadores, descobrindo e desenvolvendo os pontos fortes de cada um. Em seguida, quando o time jogava, ele encorajava os jogadores a se concentrarem no ponto forte do grupo. Se, num dado ano, ele tivesse um time com excelentes arremessadores, a tática de jogo girava em torno de arremessos; se fosse um time muito bom de passes, a tática de jogo girava em torno dos passes, e assim por diante. Wooden sabia que não adiantava tentar transformar seus arremessadores em passadores e vice-versa, sabia que isso era uma perda de tempo. Era melhor estimular as habilidades naturais de cada membro da equipe.

> Não permita que aquilo que você não sabe fazer prejudique aquilo que você sabe fazer.
>
> — John Wooden

SE VOCÊ gerencia uma equipe, considere a aplicação das lições de Wooden. Se, por outro lado, você for subordinado a um gerente, não precisa esperar que seu chefe identifique para você os seus pontos fortes. Para identificar os seus verdadeiros pontos fortes, ou seja, para descobrir seus talentos e habilidades naturais, faça uma pesquisa entre as pessoas que conhece e pergunte quais os pontos fortes que *elas* vêem em você. Quando chegar a um consenso, concentre-se em desenvolver esses pontos fortes para que possa dar o melhor de si. Em seguida, procure fazer uma parceria com pessoas que são boas naquilo que você não é.

Você descobrirá que, quando joga concentrando-se em seus pontos fortes, além de conseguir atingir mais metas, verá que será muito mais fácil lidar com os desafios e contratempos. Porque se você cair fazendo algo em que é bom e que gosta de fazer, será mais fácil levantar, sacudir a poeira e dar a volta por cima.

PARA *REFLETIR*

Com o passar do tempo, nossos pontos fracos em geral pioram. Se você se concentrar demais nos pontos fracos, seus pontos fortes também serão prejudicados.

➢➢➢ **Dicas de como agir**

Preencha as lacunas:

1. Estas são as áreas profissionais em que sou mais competente e que despertam a minha paixão: _____. (Peça a seus amigos, colegas e chefes que dêem suas opiniões.)
2. Estas são as áreas em que sou menos competente e que não despertam a minha paixão: _____. As melhores pessoas para exercer essas funções são _____, pois elas _____.
3. Se eu desenvolvesse _____ ou conseguisse _____, observando a(s) área(s) em que sou competente e em que trabalho com toda a dedicação, eu produziria resultados muito melhores no trabalho.
4. Se eu conseguisse _____, eu teria subsídios para delegar as tarefas em que sou menos competente e que despertam menos a minha paixão para _____, de modo que poderia me concentrar em meus pontos mais fortes.

Capítulo 31

Ser impulsivo

> A conclusão é o ponto em que cansamos
> de pensar.
>
> — Steven Wright

MANNY ERA UM GERENTE DE CONTA talentoso e criativo, e trabalhava para uma agência de publicidade. Ele amava seu trabalho; seus colegas e clientes o adoravam. Ele era engraçado e extrovertido. Também tinha o hábito de agir sem pensar, e já tinha entrado em muitas frias por causa disso.

Sua chefe havia comentado em segredo com ele que outro gerente de conta, Jason, parecia estar tendo dificuldades para pegar o jeito da coisa. Depois disso, Manny achou que poderia se transformar no herói dela e de Jason. Convidou Jason para um drinque depois do trabalho, achando que poderia ajudar seu colega a aprender novas habilidades mais rapidamente. Enquanto tomavam algumas cervejas, ele fez várias perguntas a Jason, na tentativa de descobrir quais poderiam ser as suas dificuldades. Quando se despediram, Manny estava contente.

No dia seguinte, a chefe de Manny foi tirar satisfações com ele, perguntando exatamente o que ele havia dito a Jason.

Manny ficou envergonhado e tentou lembrar o que havia dito que poderia estar chateando sua chefe. Ele ficou sem palavras. Então ela disse:

— Você falou algo sobre o progresso dele aqui?

Manny explicou que achou que estava fazendo um bem ao levar Jason para um drinque e dar algumas dicas a ele.

Ela respondeu que preferia que Manny não tivesse agido de maneira tão impulsiva. Ela havia conversado com Jason de manhã e ficado surpresa ao saber que Manny havia dado algumas sugestões que ela considerava questionáveis.

— Eu gostaria que você pensasse antes de agir, Manny — ela concluiu. — Ou ao menos que falasse comigo antes de decidir dar conselhos a alguém.

Tudo acontece aos poucos e na hora certa.

— Ovídio

Manny sempre foi uma pessoa impulsiva, mas os motivos para tal não eram biológicos. Ele não era impulsivo como alguém que sofre de distúrbio de déficit de atenção. Na verdade, Manny tinha o mau hábito de falar e agir antes de pensar bem no assunto e nas conseqüências. Era como se ele achasse que devia atirar por reflexo, como um caçador que não tira o dedo do gatilho.

Algumas pessoas são impulsivas porque simplesmente acham suas idéias o máximo. Na verdade, essas idéias parecem tão brilhantes para elas que fazem desaparecer considerações sobre as conseqüências de seus atos. Manny, por exemplo, não estava tentando prejudicar ninguém. Ele tinha boas intenções. Apenas não pensou no que poderia acontecer se ele "investigasse" Jason.

Esse tipo de impulsividade é basicamente uma forma benigna de impaciência. Não é aquele tipo de impaciência desagradável e nervosa que parece uma raiva que nos invade, mas um desejo de reagir. Em ambos os casos, a impaciência nos leva a julgamentos precipitados, e reagimos de maneiras das quais nos arrependemos.

A impulsividade também pode ser causada porque achamos que, se não dissermos ou fizermos algo *agora*, esqueceremos mais tarde. Achamos que é melhor agirmos agora do que nunca, porque o acúmulo de tensão e ansiedade relacionado a não fazer nada nos parece insuportável. Em ambos os casos, não temos controle sobre nossas mentes, e elas não trabalham para nosso próprio bem.

Em algum ponto de sua vida, você optou pela impulsividade em vez de optar por mantê-la sob controle. Talvez sua família não tivesse limites e você vivesse cercado de um mar de pessoas também impulsivas. Talvez você tenha se sentido pressionado a se adaptar.

Como superar a impulsividade? Acima de tudo, é preciso ter consciência daquilo que a ativa. Para isso, você precisa assumir uma postura distanciada e identificar os momentos em que sente que precisa reagir. Se você não ceder ao ímpeto de reagir imediatamente a declarações e situações, talvez descubra que você pode ir muito mais longe e melhorar a sua imagem e reputação como membro de uma equipe ou gerente. Acima de tudo, você passará a ser alguém considerado confiável e respeitado.

Tenha paciência com tudo, mas, acima de tudo, tenha paciência consigo mesmo.

— São Francisco de Sales

PARA REFLETIR
São necessários vinte anos para construir uma reputação e cinco minutos para arruiná-la. Pense nisso e fará as coisas de outra maneira.

— Warren Buffett

➤➤➤ Dicas de como agir

Procure se controlar, aperfeiçoando e mudando o foco da sua consciência. Assim a intensidade do ímpeto diminuirá.

O exercício em Seis Etapas (Pare e Pense) a seguir será útil:

Etapa 1: tome consciência do seu corpo físico.
Uma sensação física em geral é um dos primeiros sinais de que você entrou no modo reativo. Identifique essa sensação: irritação, tensão no estômago ou pescoço, tontura etc.

Etapa 2: tome consciência das suas emoções.
Faça a correspondência entre a sensação física e uma emoção, por exemplo: excitação, frustração, medo, mágoa etc.
Preencha as lacunas abaixo:

Etapa 3: tome consciência do impulso.
Quando sinto [a emoção identificada na etapa 2], tenho vontade de _____.

Etapa 4: tome consciência das conseqüências.
Se eu agir por impulso, é provável que _____.

Etapa 5: tome consciência das soluções.
O melhor a fazer seria _____.

Etapa 6: tome consciência dos benefícios.
Se eu seguir a solução definida na etapa 5, poderei gozar do benefício de _____.

Capítulo 32

Frustrar-se

> Em geral a fadiga não é causada pelo trabalho, mas pela ansiedade, pela frustração e pelo ressentimento.
>
> — Dale Carnegie

NANCY ESTAVA *MESMO* no nível intermediário da gerência de uma cadeia de lojas. Muitas vezes ela se via entre a cruz e a espada. Quando os clientes eram grosseiros, seu chefe fazia exigências absurdas, seus funcionários se atrasavam ou uma encomenda não era entregue no prazo, sentia-se frustrada. Na maioria das vezes, esse aborrecimento desaparecia sozinho e ela retornava ao trabalho. Mas, com o passar dos anos, essa frustração foi se acumulando. Ela se sentia ansiosa, cansada e apressada a maior parte do tempo.

Quando começou a se consultar comigo, Nancy estava prestes a explodir.

— Se antes eu conseguia escapar ilesa de alguma situações, sem deixar que elas me afetassem, hoje eu simplesmente não consigo mais — confessou. — Meu escudo está se corroendo, e sinto que estou prestes a dizer ou fazer algo que sei que será prejudicial.

No decorrer do processo de análise, começamos a entender melhor não só a frustração dela, mas a mecânica da frustração de um modo geral. A origem dessa frustração ficou muito clara em uma sessão em que ela se deu conta de onde vinha esse sentimento instável.

— Quando estou frustrada, sinto-me uma vítima; por exemplo, quando meu chefe vem com um monte de trabalho quando já estou atolada até o pescoço. Ou então sou tomada pela intolerância, como quando meus subordinados começam a inventar desculpas. Quando me deixo levar por essa sensação de ser a vítima, as coisas começam a piorar rapidamente. Eu troco os pés pelas mãos e pioro tudo.

Nancy também reparou que, quando isolava aquele sentimento e parava para respirar, a irritação passava.

> O tormento da frustração das pessoas, seja qual for a sua causa imediata, é saber que nosso ser está aprisionado, que sua força vital e sua "mente mutilada" estão se esvaindo em um conflito interno solitário e exorbitante.
>
> — Elizabeth Drew

DO PONTO DE VISTA neurológico, o que estava acontecendo com Nancy acontece com todos nós quando nos sentimos assim: o cérebro dela estava literalmente se desligando em resposta a uma situação altamente estressante. Como ela estava sobrecarregada, seu cérebro entrou em modo de pânico, impedindo-a de usar seus lobos frontais, parte do cérebro que toma decisões mais elaboradas e modifica os impulsos.

Nancy era a paciente ideal, pois ao longo das nossas sessões ela foi descobrindo que poderia "se transformar" se mudasse a sua perspectiva. Por ser uma pessoa tática por natureza, ela viu que precisava pensar de outra maneira para não entrar naquele estado mental de frustração e paralisação.

Nancy sabia que se sentia uma vítima quando achava que tinham cometido alguma injustiça com ela ou que algo lhe tinha sido tirado. Então ela decidiu mudar a sua estrutura de percepção conscientemente.

— Fiquei pensando em como seria se eu me concentrasse naquilo que minha empresa e, mais especificamente, meu chefe haviam *dado para mim*, em vez de me concentrar naquilo que haviam tirado de mim — disse.

Nancy descobriu três coisas que a empresa havia dado a ela e pelas quais era grata: a oportunidade de subir para um cargo gerencial, o fato de acreditarem que era capaz de dar conta do recado, e a confiança e o respeito do seu chefe. Essa última coisa foi a mais difícil, mas ela disse:

— Consegui ver que ele respeita tanto minha capacidade e meu talento que não acha que precisa ficar cheio de dedos comigo.

Sua melhor percepção foi quando se deu conta de que não era possível ser grata e achar que era uma vítima ao mesmo tempo.

Esse exercício de encontrar motivos pelos quais ela deveria agradecer passou a permitir que retomasse o foco sempre que ficava frustrada. Isso lhe deu confiança para lidar com seu chefe e cordialidade para lidar com seus subordinados. No fim das contas, ela acabou sendo muito mais respeitada, não só no trabalho, mas em todos os aspectos de sua vida, inclusive por ela mesma.

> Um dos maiores orgulhos de ser humano é a capacidade de suportar frustrações atuais em prol de objetivos de mais longo prazo.
>
> — Helen Merell Lynd

Nancy aprendeu algo sobre uma das pequenas ironias da vida: quando estamos frustrados, queremos que o mundo mude para nos sentirmos melhor. A frustração só passa de verdade quando nós mudamos nossa maneira de ver o mundo.

PARA REFLETIR
Ninguém consegue ser grato por alguma coisa e sentir-se frustrado ao mesmo tempo.

➤➤➤ **Dicas de como agir**

1. Procure reconhecer a sua frustração logo de cara. Diga para você mesmo que, se não fizer algo para melhorar a situação, ela só irá piorar.
2. Para não cair em tentação de considerar-se a vítima da situação, pense em três coisas boas que façam você se sentir grato, referentes ao seu trabalho ou à pessoa que o frustra.
3. Da próxima vez que algo ou alguém te frustrar, faça uma pausa pelo tempo necessário para deixar a frustração passar. Em seguida, pergunte a você mesmo se quer se vingar ou se quer aprender a lidar com essa situação de maneira mais eficaz.
4. Se você se der conta de que está apenas preocupado em se vingar, pergunte-se quais serão as conseqüências de curto e longo prazo. Você verá que uma reação negativa só serve para piorar as coisas.

Capítulo 33

Ter a sensibilidade à flor da pele

> Era uma sensação de ansiedade e vergonha, uma sensibilidade aguda além dos limites, como se o sistema nervoso, privado de sua velha camada de utilidade social, fosse obrigado a registrar a mais insignificante dose de dor.
>
> — John Updike

JANE TINHA UM MONTE DE QUALIDADES: era inteligente, talentosa, tinha uma família amorosa e um bom emprego na área de relações públicas. Ela tinha um grande coração, era generosa e otimista; de um modo geral, as pessoas gostavam dela.

Também era muito sensível, por isso tinha o dom de ser empática. Ela conseguia captar os sentimentos dos outros com mais facilidade que a maioria das pessoas. Mas era uma faca de dois gumes, e às vezes essa sensibilidade pendia mais para o lado do melindre. Quando se sentia ofendida ou criticada, ficava muito magoada e demorava muito para se recuperar. Quando isso acontecia com a família, o marido ou os filhos tinham que cortar um dobrado para consertar as coisas.

De um modo geral, Jane era uma boa profissional, mas às vezes sua sensibilidade atrapalhava. Se um colega não fosse superatencioso, ela ficava se perguntando o que havia feito de errado. As avaliações de desempenho eram uma tortura para ela (veja o capítulo "Ter medo de fazer ou receber avaliações de desempenho"). Seu chefe começava falando sobre todas as coisas boas que ela havia feito, mas quando chegava o momento de abordar os aspectos que precisavam ser melhorados, ela ficava arrasada. Quando ele observava que ela havia cometido um erro ou não havia sido tão cuidadosa quanto deveria, ela começava a chorar. Após uma avaliação, ela ficou tão mal que precisou se ausentar pelo resto do dia, o que fez com que seu chefe começasse a questionar a sua estabilidade mental.

Claro que é comum nos sentirmos mal depois de uma crítica, mas pessoas como Jane parecem sentir mais do que os outros. Se você acha que tem a sensibilidade à flor da pele ou se já ouviu isso de outras pessoas, certamente se pergunta por quê.

Do ponto de vista biológico, a pele é uma membrana. Há três tipos de membrana. As membranas *impermeáveis* não permitem que nada entre. A pele que cobre o seu corpo é praticamente impermeável; sem ela, você ficaria vulnerável a infecções. Algumas peles são *semipermeáveis* e funcionam como um filtro. A barreira hematoencefálica do cérebro humano permite a entrada de algumas substâncias do sangue que são necessárias, como o açúcar e o oxigênio, e impede a entrada de outras substâncias, como toxinas venenosas. A pele *permeável* permite a entrada e saída de ar, água e outras substâncias. As rãs-touro, por exemplo, têm pele permeável. Elas absorvem água e ar pela pele.

Conforme amadurecemos, nossa psique pode ir desenvolvendo vários tipos de "pele" próprios. Se você tiver uma vivência psicológica desequilibrada, corre o risco de se tornar insensível ou sensível demais. As pessoas insensíveis (veja o capítulo "Não aceitar outras opiniões") não deixam nada entrar. Pessoas sensíveis são como esponjas, absorvem demais as energias que as cercam. Elas levam as coisas para o lado pessoal.

> A beleza é apenas superficial, e há milhões de pessoas no mundo que só possuem essa camada superficial.
>
> — James Armour

AQUELES QUE têm a sensibilidade à flor da pele em geral também são carentes. Isso quer dizer que você fica desprevenido a maior parte do tempo e absorve coisas demais. Talvez você anseie por algo que não tenha tido na juventude: amor incondicional, apoio, estímulo, proteção de algo que lhe causava muita angústia. Você precisa dessas coisas para sobreviver tanto quanto de comida ou oxigênio, por isso torna-se permeável demais. Você não cria os limites e fronteiras necessários para impedir que as coisas ruins o afetem.

Desse modo, acaba se envolvendo em situações difíceis ou permite que pessoas difíceis entrem em sua vida, pois não sabe se defender de maneira adequada. Pode ser que você esteja tentando tirar algo que tenha um caráter positivo, de proteção, afirmação e cura dessas situações ou pessoas, mas é mais provável que elas passem por cima de você ou usem-no.

Como desenvolver um sistema de defesa mais eficaz? Você não precisa se transformar em alguém que não tenha nada a ver com você. Pode continuar sendo perceptivo e empático, mas precisa desenvolver fronteiras emocionais, assim como bons pais definem limites para seus filhos.

Jane, por exemplo, conseguiu desenvolver esses limites quando passou a ter responsabilidade por ela mesma, como se fosse uma mãe para si mesma. Ela aprendeu a ver as coisas de forma mais objetiva, e a fazer uma introspecção antes e depois de uma situação desagradável. Quando uma situação desse tipo ocorria, ela parava para respirar e se acalmar antes de reagir. Preparava-se para avaliações de desempenho fazendo suas próprias auto-avaliações e pedindo a um colega mais íntimo para recapitular todas as suas críticas para que ela não se surpreendesse com o veredicto final.

Jane também aprendeu a ter expectativas mais sensatas com relação aos outros. Ela se deu conta de que buscava desesperadamente a aprovação do chefe da mesma maneira como almejava a aprovação de seu pai, uma pessoa muito crítica. Ao ver que estava transferindo aquilo que sentia com relação ao pai para o chefe, viu que estava sendo injusta com este. Ele estava apenas cumprindo suas obrigações da melhor maneira possível.

Ao libertar as pessoas que a cercavam da carência psicológica que controlava a sua vida, Jane desenvolveu um relacionamento melhor com todas elas. Por causa desse trabalho de introspecção, ela passou a ser uma pessoa mais relaxada e tornou-se mais concentrada e eficiente no trabalho.

PARA REFLETIR
Se alguém magoa você pela primeira vez, essa pessoa deveria sentir vergonha do que fez; se ela magoa pela segunda vez, você deveria sentir vergonha por permitir.

➤➤➤ Dicas de como agir

1. Faça uma lista das situações em que costuma ficar magoado, desapontado ou aborrecido.
2. Pergunte-se o que quer e precisa das pessoas envolvidas. Pense no que elas poderiam fazer por você se pedisse.
3. Suas expectativas devem corresponder à resposta que provavelmente receberá de alguém ou ao resultado da situação.
4. Tenha um plano B para o caso de receber menos do que esperava.
5. Para aprender a definir limites emocionais, faça uma introspecção das suas emoções e policie-se para parar sempre que se flagrar levando as coisas para o lado pessoal.

Capítulo 34

Não aprender com os próprios erros

> O homem se esconde atrás de sua própria sombra, depois se pergunta por que está escuro.
>
> — Ditado zen

BILL CLINTON TEVE QUE CHEGAR a ponto de ser praticamente escorraçado para se dar conta de que não admitir um erro era uma péssima idéia. E há muitas pessoas, inclusive inúmeros políticos, que teimam em insistir que estão certos, que não cometeram erros, que sua visão do mundo é inabalável, independentemente dos fatos. O problema é que não saber admitir os próprios erros para aprender com eles é algo que atrapalha muito no sentido de conseguir credibilidade e ganhar a estima das pessoas.

Por que você não consegue admitir seus erros e aprender com eles? Quase todos temos dificuldade de admitir nossos erros. Para começar, já ficamos envergonhados quando os cometemos; quando temos que admiti-los, a vergonha bate outra vez. Duvidamos de nós mesmos: se erramos uma vez, talvez tenhamos errado várias outras vezes. Tememos uma explosão de insegurança. Também temos medo de não saber aprender com o erro para corrigi-lo (veja o capítulo "Ter medo de aprender coisas novas").

Ironicamente, quando não conseguimos admitir nossos erros, a situação piora. Isso acontece porque, quanto mais negamos, mais nos afundamos no erro. Em essência, juramos lealdade à nossa versão da realidade, conflitante com a versão externa. Quando nossa realidade bate de frente com a realidade contraditória, fica muito difícil admitir a diferença. Então tentamos diminuir ou justificar o erro, fazendo com que ele pareça menos importante do que é.

> Precisamos aceitar que interpretar mal faz parte da natureza humana e que, portanto, não há nada de mal em errar, apenas em não corrigirmos nossos erros.
> — George Soros

DIMINUIR OU JUSTIFICAR o erro é uma forma de tentar estabelecer uma relação entre a sua versão interna da realidade e a versão do mundo exterior. Isso faz com que você se sinta um pouco melhor, mesmo que não consiga escapar de verdade da vergonha de ser desmascarado. Isso reduz o sofrimento temporariamente.

Como fugir deste ciclo vicioso? Ao desenvolver a coragem psicológica necessária para lidar com os erros, fica mais fácil entender que admiti-los faz com que você seja mais respeitado, não menos. As pessoas que sinceramente admitem seus erros são admiráveis. Admiramos aqueles que enfrentam seus erros honestamente e tomam medidas para corrigi-los. Ironicamente, o respeito adquirido quando admitimos nossos erros e aprendemos com eles é muito maior do que a vergonha que sentimos quando tentamos diminuí-los ou justificá-los. Não se esqueça: errar é humano, admitir um erro é elegante, e aprender com ele é divino.

> A vida se contrai e se expande proporcionalmente à coragem do indivíduo.
>
> — Anaïs Nin

PARA REFLETIR
Errar não faz com que você seja um fracasso, mas não saber admitir o seu erro pode ter essa conseqüência.

➤➤➤ Dicas de como agir

1. Admita seus erros o mais rápido possível. Se você achar que precisa se defender com relação a algo, é uma dica de que está na hora de admitir seu erro perante si mesmo e os outros.
2. Assim que reconhecer o erro, pergunte-se:
   - O que preciso fazer agora para minimizar o estrago?
   - O que eu faria de outra maneira se fosse passar outra vez por essa situação?
   - No futuro, em que sinal de aviso devo prestar atenção para evitar o mesmo erro?
3. Admita o erro o mais rápido possível e converse com seu chefe sobre as respostas às perguntas acima. O respeito dele por você não diminuirá se você fizer isso; na verdade, poderá até aumentar. Se você encontrar soluções para solucionar o problema e evitar que torne a ocorrer, tanto melhor.

Capítulo 35

Não conseguir a adesão da equipe

> Primeiro as pessoas acreditam no líder para, depois, acreditarem na visão dele.
>
> — John C. Maxwell

MUITAS VEZES, os planos mais detalhados de ratos e gerentes não vingam porque os gerentes-ratos pulam a etapa em que deveriam conseguir a adesão da equipe que executará seus planos. Se não acredita no plano, a equipe não tem um interesse que a mantenha motivada ao longo de todo o projeto. Assim que o trabalho se torna frustrante, as pessoas começam a hesitar, freqüentemente com a mesma justificativa dada pelos adolescentes aos pais: "A idéia não foi minha." Em outras palavras, querem dizer que você não deve esperar que continuem tentando quando a coisa complicar.

Quando não se consegue a adesão da equipe, tudo vai por água abaixo, desde projetos até empresas. Se você não conseguir a adesão de seus colegas de equipe, chefes, clientes e outras partes, não irá a lugar algum.

Um dos exemplos mais comuns disso se dá no mundo da tecnologia da informação. Muitos diretores e executivos de TI decidem aprovar o desenvolvimento de um sistema novo e caro com o qual supostamente ganhariam rios de dinheiro (neste caso, estou falando de programas de "gestão de relações com os clientes" e outros semelhantes). São definidas as metas, as referências, os testes são concluídos, o produto é lançado e aí... é preciso bater em retirada. Os funcionários podem reagir das mais diversas maneiras: alguns sentem-se ameaçados e contrariados, outros ainda mostram-se céticos e passivos; pode ser que não gostem de aprender coisas novas (veja o capítulo "Ter medo de aprender coisas novas") ou executar novas tarefas que não haviam sido combinadas anteriormente. Então a gerência se vê obrigada a forçá-los a aprender, e a moral fica prejudicada. Acontece com freqüência.

E às vezes o problema está na pessoa que não consegue se comprometer. Aposto que já aconteceu de você não vestir a camisa ao receber uma nova incumbência. Quantas vezes seu chefe já passou uma nova tarefa e você a aceitou, não porque quisesse aceitá-la, mas porque ele é o chefe? Talvez você até tenha feito um bom trabalho, mas há grandes chances de não ter sentido qualquer prazer nisso. E, quando os papéis se invertem e você precisa solicitar algo a terceiros sem conseguir a adesão deles, é provável que não consiga que dêem o melhor de si, isso se fizerem alguma coisa.

Quando não se consegue a adesão da equipe, há uma série de agentes catalisadores envolvidos. Se você tem um cargo de liderança e é responsável pela tomada de decisões, talvez ache que não precisa conseguir a adesão da equipe (embora seja provável que você se sinta frustrado quando não consegue). Isso se chama arrogância. Neste caso, sugiro que você pense um pouco em seus próprios defeitos (o capítulo "Considerar-se indispensável" poderá ajudá-lo neste sentido). Pode ser também que você esteja tão apaixonado por seu projeto que simplesmente mergulhe de cabeça, esperando que todos façam o mesmo; neste caso, você não está sabendo ouvir a sua equipe (veja o capítulo "Ser mau ouvinte"). De qualquer maneira, você está atrapalhando o seu próprio sucesso.

> Para estimular a cooperação, lembre-se: em geral as pessoas costumam resistir a algo quando são forçadas a fazê-lo. E costumam dedicar-se àquilo que ajudam a criar.
>
> — Vince Pfaff

PARA CONSEGUIR adesão primeiro é preciso entender as intenções da outra pessoa. Freqüentemente a outra pessoa terá planos que entram em conflito direto com aquilo que você deseja. Portanto a primeira coisa a fazer é descobrir quais são seus compromissos e gentilmente fazer com que a outra pessoa "compre" seus compromissos, pedindo que participe. Neste caso, vale o provérbio de que as pessoas se esforçam mais para fazer aquilo que elas querem fazer do que para fazer aquilo que os outros querem que façam. Em outras palavras, se quiser que as pessoas participem para levar adiante um projeto ou uma empresa, encontre uma forma de incluí-las na decisão de como fazê-lo.

> Tu me ajudas, eu te ajudo e juntos ascenderemos.
>
> — John Greenleaf Whittier

ÀS VEZES a pessoa balança a cabeça e você acha que ela entendeu o que quis dizer (para saber mais sobre essa questão, consulte "Pressupor que os outros te entendem"). Independentemente da variedade de intenções e planos admitidos pelas pessoas, há algo subjacente em todos nós e que você deve ter sempre em mente. Tudo aquilo que você disser precisa, do ponto de vista dos outros, (1) fazer sentido, (2) parecer correto (ou seja, não parecer duvidoso) e (3) ser viável.

Se aquilo que você quer não fizer sentido, não parecer correto e não for viável, você terá uma "dissonância". Isto quer dizer que aquilo que as pessoas vêem e ouvem não corresponde ao que elas sentem. A dissonância faz com que as pessoas abandonem o barco. Em outras palavras, ela muda a fórmula; em vez de se perguntarem o que você está fazendo *para* elas, se perguntarão o que você está fazendo *com* elas.

Por outro lado, ao observar esses três aspectos, você terá mais chances de conseguir adesão, pois aquilo que está dizendo encontra eco dentro das pessoas.

> **PARA REFLETIR**
> Se você apresentar algo que faça sentido, pareça correto e seja viável, conseguirá adesão. Caso contrário, conseguirá discordância.

➢➢➢ Dicas de como agir

1. Da próxima vez que quiser conseguir a adesão de uma pessoa ou grupo, certifique-se de que aquilo que esteja pedindo faça sentido, pareça correto e seja viável. Para isso, consulte seus colegas, seus amigos e sua família e peça opiniões. Quando estiver sozinho, grave aquilo que quer falar e reproduza o que disser para si mesmo, para ver se você vestiria a camisa.
2. Muitas vezes pode ser que você diga algo que faça sentido para o seu interlocutor. Mas poderá não parecer correto ou ser viável porque essa pessoa já está comprometida com outra pessoa. Neste caso, peça permissão à pessoa a quem foi prometido o tempo daquele cuja adesão você gostaria de obter.
3. Outra maneira de conseguir adesão é fazer com que as pessoas participem do processo de identificar oportunidades e superar obstáculos, usando as seguintes perguntas:
   - Quais as três principais oportunidades que você identifica para *(insira o nome do seu departamento, grupo de trabalho ou empresa)*?
   - Você acha que essas oportunidades existem de fato (ou seja, que não são apenas um desejo seu)? Se positivo, por quê?
   - Quais são os três principais obstáculos que o(nos) impede(m) de tirar vantagem dessas oportunidades?
   - Acima de tudo (e seja o mais específico possível), quem precisaria fazer mais o quê e teria de parar de fazer o quê para que pudéssemos aproveitar essas oportunidades?
4. Utilize as dicas de como agir do capítulo "Ser mau ouvinte". Quanto mais as pessoas acharem que estão sendo ouvidas, maior a probabilidade de ouvirem você.

Capítulo 36

Burlar as regras

> Aqueles que acham que pequenas mentiras são permissíveis logo passam a não saber distinguir mentiras inofensivas de grandes mentiras.
>
> — Austin O'Malley

UM DE MEUS PACIENTES era um homem que havia sido demitido do emprego de gerente de vendas de uma empresa de tecnologia. Wesley sempre havia sido um excelente vendedor, e ultrapassava suas metas trimestre após trimestre. Quando não conseguiu fechar uma grande venda, descobriram que Wesley havia lançado como se tivessem sido vendidos produtos cuja compra ainda estava sendo analisada pelos clientes. Isso não havia ocorrido uma única vez, era uma prática comum de Wesley. Quando seus superiores ficaram sabendo de suas atividades, ele foi rapidamente demitido, pois temiam que ocorresse uma violação das leis de contabilidade por parte da empresa.

Wesley era o quarto de cinco filhos. Quando era pequeno, tinha a sensação de que sempre recebia menos atenção: ele tinha que herdar as roupas e brinquedos dos irmãos mais velhos, e nunca escutavam o que tinha a dizer durante o jantar. Durante as tardes, antes de seus irmãos chegarem dos treinos esportivos após o horário da escola, ele brincava com os brinquedos deles. Essa brincadeira o deixava muito feliz, até que ele quebrou um brinquedo e seu irmão reclamou com os pais. Wesley foi devidamente repreendido, e voltou ao seu papel de ser o quarto filho, entre cinco irmãos, calado e ignorado.

Infelizmente, Wesley foi criado em um lar em que a desonestidade lhe parecia ser um comportamento "normal". Seu pai traía a sua mãe. Na TV, ele assistia histórias de pessoas que contavam mentiras. Seu irmão mais velho achava que era legal roubar artigos das lojas. Ele ensinou a Wesley como fazê-lo: pareça indiferente, verifique se não há ninguém olhando e aja rapidamente. Em pouco tempo Wesley estava saindo das lojas com os bolsos cheios. Ele roubava tantas coisas que até sobrava para dar de presente de aniversário e Natal. Quando foi pego pelo gerente de uma loja, que chamou a polícia e seus pais, Wesley pôs a culpa no irmão. Ambos ficaram envergonhados e juraram que aquilo nunca mais se repetiria.

> Os adultos têm prazer em enganar uma criança. Eles consideram isso um mal necessário, mas também gostam de fazê-lo. As crianças são rápidas em identificar essa tática e passam a usá-la também.
> — Elias Canetti

QUANDO ESTUDAVA NA FACULDADE, Wesley tinha que entregar trabalhos semestrais. Ele descobriu sites de onde podia baixar trabalhos perfeitos escritos por outros alunos. Esses eram os trabalhos que apresentava, e nunca foi pego. Mas admitiu que tinha a sensação de não merecer a nota final, e isso ainda o incomodava.

Então conseguiu um emprego em um escritório e achou que não tinha problema "tomar emprestados" os materiais de escritório — canetas, blocos de anotação, papel — para usar em casa.

Por fim, Wesley se tornou gerente de uma grande empresa, e achava que não havia problema em aumentar os números. "Ninguém descobrirá nada", pensava, "se eu mudar a data da planilha."

Um dos riscos de achar que é possível escapar impune de pequenos crimes é o fato de se começar a achar que é possível escapar impune de crimes mais significativos. A desonestidade é como uma bola de neve que inicia uma avalanche. Não é preciso ser um criminoso para pensar assim: os líderes de grandes empresas também pensam dessa maneira.

Quando você acha que conseguirá escapar impune, passa a pensar somente em si mesmo. Você passa a não enxergar como seus atos afetam os outros. Bill Clinton desonrou seu cargo e seu casamento com seu envolvimento com Monica Lewinsky. Clinton não conseguia olhar em nossos olhos na TV e admitir isso, o que tornou mais difícil perdoá-lo. (Imaginem como nossas reações teriam sido diferentes se, em vez disso, ele olhasse diretamente para a câmera e dissesse: "Errei com relação ao meu relacionamento com Monica Lewinsky, desonrei este cargo e, pior ainda, tornei difícil e até constrangedora a tarefa de explicar o meu comportamento às crianças.")

Repórteres inventam fontes e histórias porque acham que ninguém nunca perguntará nada. Para inúmeros executivos, roubar os acionistas e burlar as regras de contabilidade é um jogo. Alguém faz algo para sabotar um colega. Por quê? Porque acha que não será pego. É divertido.

O poder dá algumas liberdades. Entretanto, quando abusamos desse poder para termos algumas liberdades a mais, acabamos traindo a confiança de nossos irmãos, de nossos pais, da sociedade, de nossos empregadores, de nosso público e, no caso de Clinton, do nosso país. A desonestidade gera negação, que, por sua vez, gera mais desonestidade e negação. A situação vira uma imensa bola de neve e nunca termina bem. Em algum momento, você acaba sendo atingido.

A desonestidade surge a partir de uma sensação básica de privação. Aquele menino, por exemplo, brincava com os brinquedos dos irmãos porque achava que não estava recebendo atenção suficiente, por isso achava justo que pegasse aquilo que podia. Macbeth, o personagem de Shakespeare, também fez isso. No início, era um legítimo lorde, mas acabou sendo levado a crer que era o rei de direito da Escócia. Por isso matou o rei para conseguir a coroa mais rapidamente. Mas "o crime não compensa". Sua esposa ficou tão deprimida que se suicidou, e Macbeth teve seu fim pelas mãos das famílias de suas vítimas.

Quando a desonestidade é um hábito aceito pela sociedade, torna-se quase legítima. Será mesmo? Em que ponto suas mentiras ficam batidas? Quantas pessoas você precisa prejudicar para se cansar de prejudicá-las? Por quanto tempo você pode contar com a "sorte" até ser pego em flagrante? E quando descobrem suas mentiras, o que as pessoas enganadas por você acham disso? Primeiro, elas ficam magoadas. Como você pôde fazer isso com elas? Depois que a mágoa passa, elas começam a odiá-lo por ter abusado da sua confiança. Por fim, hesitam em retomar um relacionamento com você.

> Se você disser a verdade, jamais terá de se lembrar de nada.
> — Mark Twain

CLARO que pode ser divertido escapar impune de suas trapaças. Mas se você insistir será o único culpado quando seu carma se revelar. Se compreender e aceitar a verdade moral de que "toda ação tem uma reação", poderá se orgulhar de sua vida.

PARA REFLETIR
As pessoas perdoam erros honestos, mas não perdoam nem esquecem as mentiras contadas.

➢➢➢ Dicas de como agir

1. *Reconheça* a sua desonestidade. Ela é um hábito, um vício. O primeiro passo para a recuperação é reconhecer que você tem um problema.
2. *Aceite* o fato de que você tem que mudar o seu comportamento daqui para a frente.

3. Portanto, *aja* sabendo que você colhe aquilo que planta.
Também é necessário reparar os danos causados a terceiros da seguinte maneira:
- Demonstre *remorso*; *reconheça* que a sua desonestidade causou danos (diga que sabe que magoou a pessoa e reconheça o seu erro. Não tente *explicar* nada, pois prejudicará ainda mais a sua imagem).
- Ofereça uma *restituição*, ou seja, não fique apenas nas palavras, mas faça algo para consertar o estrago. Clinton fez isso, em parte ao aceitar todos os comentários negativos sobre sua conduta e não defender as suas ações.
- Mostre que *está curado*. Para recuperar a confiança e a fé em você, terá que provar que o seu comportamento mudou de verdade. Mais uma vez, Clinton mostrou que havia se reabilitado ao retomar seu relacionamento com a esposa, criar entidades de caridade e voltar suas energias para a realização de tarefas produtivas.

Capítulo 37

Rotular as pessoas

> Depois de atuar em *O Mágico de Oz*, fiquei conhecido como o leão, e não há muitos papéis para leões por aí.
>
> — Bert Lahr

HARRIS, um vice-presidente executivo de 54 anos, contou-me como aprendeu uma difícil lição sobre a questão de rotular as pessoas. Harris era responsável por uma divisão de uma grande firma de arquitetura e gerenciava uma equipe de quarenta pessoas. Sua secretária, Karen, trabalhava com ele há um mês, e mostrou ser muito competente no gerenciamento de sua agenda, evitando tarefas que serviam apenas para encher lingüiça e gerenciando seus arquivos. Sempre ávida por agradar, Karen se esforçava para conseguir o aplauso do chefe, que não tinha o hábito de elogiar.

Entretanto, após um mês de trabalho impecável, o desempenho de Karen começou a cair. Ela começou a chegar atrasada e pedir licença médica com freqüência. Parecia deprimida e desmotivada, e ele achou que estava se comportando de maneira estranha. Ela começou a cometer pequenos erros, depois erros mais significativos. Harris começou a rotulá-la, mentalmente, de várias coisas: Preguiçosa. Desmotivada. Incompetente. Talvez seja drogada. Lembrou-se da secretária anterior, que, após dois anos lutando para se manter no emprego, acabou revelando seus problemas crônicos com bebidas e drogas.

Na verdade, Harris precisava de uma flecha certeira e superconfiável, de alguém como Karen havia se mostrado no primeiro mês. Agora ela também parecia estar perdendo o interesse, como todas as anteriores, e ele começou a achar que acabaria por descobrir que era mais uma secretária sem caráter e talvez até desonesta. Por conta disso, Harris passou a agir de maneira rude e desrespeitosa com ela por ter sido enganado outra vez.

Finalmente, quando Harris perdeu uma reunião de vendas importante, ele estourou.

— Karen, você vem cometendo sérios erros ultimamente — disse.

— É melhor você se esforçar para recuperar a compostura, e logo. Não posso ficar com uma secretária com um desempenho tão ruim.

Karen tentou se controlar. Fechou os olhos e respirou fundo, mas seus lábios começaram a tremer. Lágrimas começaram a rolar.

A reação pegou Harris de surpresa. Ele ficou confuso, mas tentou manter a calma.

— Quer contar para mim o que está acontecendo? — perguntou.

Foi aí que Karen confessou que seu filho, de 3 anos, havia recebido um diagnóstico de leucemia.

Ao se recuperar do susto, Harry perguntou, gentilmente:

— Por que você não disse isso antes?

— Não é um assunto fácil de abordar — Karen respondeu. — Além disso, você tem estado muito ocupado e, bem... um pouco mal-humorado. Achei melhor não comentar nada.

Harris, que também era pai, sentiu-se muito mal por ter julgado Karen injustamente. Ele mandou que ela entrasse imediatamente em contato com o gerente de recursos humanos da empresa. Conseguiu que ela tirasse uma licença recebendo metade do salário, e manteve contato com Karen e a família durante aquele período difícil. (O menino perdeu um braço, mas se recuperou, e Karen voltou a trabalhar.)

As pessoas rotulam as outras por motivos profundos e primordiais. Em primeiro lugar, querendo ou não, faz parte da nossa natureza. Milhões de anos de evolução ensinaram os humanos a sobreviver a situações de perigo identificando rapidamente se alguém de outra tribo era amigo ou inimigo. Estudos mostraram que nos primeiros segundos em que olhamos para um estranho já temos uma opinião formada baseada apenas em seus traços físicos e em seu comportamento. (Claro que está aí a origem da discriminação.)

Essa tendência que as pessoas têm de julgar precipitadamente é exacerbada não só pelo nível de exigência de nossos empregos, mas também por essa vida moderna e corrida, sempre dependendo de nossos celulares, bipes e computadores, além dos canais que dão notícias 24 horas por dia, sete dias da semana, alertando sobre as ameaças que pairam no ar. Como o cérebro humano é incapaz de lidar de uma só vez com todas essas informações às quais temos que reagir rapidamente, vivemos em um modo de sobrevivência que nos deixa sob constante estresse. Não é de surpreender que tenhamos o hábito de atirar antes e fazer perguntas depois.

Em segundo lugar, a maioria das pessoas transfere inconscientemente as qualidades de pessoas que as influenciaram no passado, principalmente pais, mães e irmãos, para outros. Usamos padrões com os quais estamos familiarizados e dividimos as pessoas em categorias de acordo com esses padrões em vez de fazermos um julgamento isento. No caso de Harris, o "relaxamento" de Karen trazia à lembrança não só as experiências ruins com secretárias anteriores, mas também seu irmão mais novo, que largou a escola e se envolveu com drogas.

Por sua vez, Karen rotulou Harris inconscientemente, como se fosse uma figura paterna que precisava aprovar seus atos. Quando ele ficava mal-humorado, ela se fechava e ficava pisando em ovos, da mesma forma como agia com seu pai. Para piorar as coisas, a idéia que Harris e Karen tinham um do outro reforçava seu mau comportamento. Quanto mais Harris fechava a cara, mais Karen se estressava. E quanto mais Karen perdia o foco, mais emburrado Harris ficava. Ironicamente, eles se tornaram os tipos imaginados pelo outro.

> Para vencer, agarre as oportunidades com a mesma rapidez com que você tira conclusões.
>
> — Benjamin Franklin

Em situações de trabalho em que precisamos confiar em colegas, chefes e funcionários, rotular as pessoas pode ser ruim para nós de diversas maneiras. Quando estamos em modo de sobrevivência, como no caso de Harris, nossos cérebros simplesmente nos mandam reagir o tempo todo, impedindo que absorvamos novas informações. Aborrecemo-nos com facilidade e ficamos ansiosos. Perdemos a capacidade de tomar decisões claras e objetivas. As pessoas estão do nosso lado ou contra nós. De forma semelhante, quando rotulamos as pessoas com base em padrões observados em nossas famílias, corremos o risco de adotar condutas que não correspondem à realidade. Tomamos decisões baseadas em emoções, não fatos. Em ambos os casos, eliminamos a possibilidade de darmos o nosso melhor, pois não entendemos bem o que está acontecendo à nossa volta.

Sempre achei interessante observar como as pessoas deixam de lado seus rótulos em momentos de crises coletivas. Após furacões, enchentes, terremotos, tsunamis e incêndios, e em tempos de guerra, as pessoas se unem para ajudarem umas às outras e sobreviverem. Parece que quando as pessoas se concentram nas ameaças físicas reais apresentadas por um inimigo comum, em oposição às ameaças imaginárias que existem apenas em suas mentes, elas deixam de lado o preconceito. Infelizmente, quando essas ameaças comuns que nos unem passam, nossos preconceitos voltam a surgir.

Para refletir

Se você tirar conclusões precipitadas sobre uma pessoa, terá dificuldades de fazer com que ela aja como você gostaria que agisse.

➤➤➤ Dicas de como agir

1. Pense em uma situação em que você tenha sido rotulado sem que a outra pessoa te entendesse de verdade. Procure lembrar de

como sentiu-se magoado, aborrecido e frustrado. Você gostaria de fazer com que outra pessoa se sentisse assim?
2. Pense em um colega que você tenha estereotipado de maneira negativa e encontre três palavras (ou rótulos) que usaria para descrever essa pessoa. Da próxima vez que estiverem juntos, pergunte-se se você está ouvindo os rótulos ou seu colega. Se notar que está ouvindo ou falando de uma forma baseada em rótulos, pergunte-se se não poderia estar errado.
3. Resista ao impulso de ver as pessoas como funções em vez de como seres humanos com talentos e habilidades. Não pressuponha que, pelo fato estar em um nível hierárquico inferior ao seu, essa pessoa não mereça receber a sua atenção cordial.
4. Ao trabalhar com ela em um projeto ou problema, concentre-se no tópico ou tarefa em questão, não na pessoa.
5. Faça uma análise dos seus pressupostos antes de agir com base neles.

Capítulo 38

Ter expectativas baixas demais

> Nossos limites e nosso sucesso na maioria das vezes se baseiam em nossas expectativas pessoais. O corpo age com base naquilo que ficamos remoendo em nossos pensamentos.
>
> — Dennis Waitley

ERA UMA VEZ um menino chamado Mark (este que vos fala) que estava lendo uma revistinha no banco de trás do carro de seus pais, ficou enjoado e vomitou. Depois disso, sua mãe disse que ele não deveria ler no carro, caso contrário ficaria enjoado. E *voilà*: sempre que ele lia no carro, ficava enjoado. Ele lia numa boa em aviões e trens, pois sua mãe nunca o alertara quanto a isso.

Cerca de quarenta anos depois, estava indo com minha esposa de carro para San Diego. Eu havia acabado de comprar um livro que queria ler. Como ela estava dirigindo, eu decidi que acabaria de uma vez por todas com essa mania de perder a oportunidade de aproveitar para fazer minhas leituras nas diversas vezes em que ela estava dirigindo.

Então peguei um saco de enjôo e disse a mim mesmo que leria aquela revista, mesmo que vomitasse a viagem inteira.

Comecei a ler. Três minutos depois, comecei a ficar enjoado. Mas o enjôo passou. E, desde então, voltei a ler em viagens de carro. A mente é algo incrível, não é mesmo?

A maioria das pessoas vive bem dentro de suas limitações. Nós "sabemos" que somos bons em algumas coisas e ruins em outras. Temos consciência de que contabilidade ou redação não é nosso forte. Então optamos por carreiras e tarefas que se adaptem a nossas limitações, e sequer sonhamos que somos capazes de fazer muito mais.

A maior parte das pessoas não atinge suas metas porque tem expectativas baixas com relação a si mesmas. Os motivos podem ser baixa auto-estima, pessimismo ou até depressão. E também resultantes da concepção de "desamparo aprendido" (veja o capítulo "Desistir facilmente"), que faz com que você acredite que algumas coisas simplesmente não valem o esforço. Você pode acreditar que, se tentar fazer algo novo e não der certo, simplesmente ficará desapontado, então por que se dar ao trabalho de tentar?

Baixas expectativas em geral resultam de uma crença fundamental de que algumas coisas são simplesmente impossíveis ou que você não seria capaz de lidar com as repercussões caso não conseguisse atingir expectativas mais elevadas. Esses dois fatores costumam ter suas origens na infância, quando seus pais desestimulam-no a definir expectativas muito altas ou forçam-no a definir expectativas tão absurdas que você se sabota para falhar. A questão importante é que, em ambos os casos, o seu desapontamento não fazia com que confortassem e dessem conselhos que teriam tornado você uma pessoa que se recupera mais facilmente dos tombos.

Ao definir expectativas baixas, a sua consciência fica encontrando desculpas para que você não precise ir mais longe. Você gostaria de ter uma vida mais emocionante, mas... mas... mas...

> Se você decidir que pode viver bem sendo o segundo melhor, esta será a sua vida.
> — John F. Kennedy

E QUANTO A DEFINIR metas mais ambiciosas? O objetivo delas não é ajudá-lo a ir mais longe? No trabalho, pode ser que seu chefe peça a você para fazer mais coisas ou trabalhe em projetos dos quais acha que você daria conta e que exigem mais responsabilidades ou coordenação do que suas tarefas e projetos atuais. Infelizmente, as metas mais ambiciosas não o levam mais longe; na verdade, costumam colocá-lo sob mais pressão, pois seu chefe pode estar simplesmente pedindo que você execute mais tarefas iguais, embora talvez com uma abrangência um pouco mais ampla. Pode ser que você continue sem uma oportunidade de usar a sua imaginação, o que é uma pena.

Uma verdadeira meta mais ambiciosa é algo que vem de dentro, um desejo íntimo de ser ou fazer algo que você ainda não faça. Ao conseguir identificar essa visão interna, ficará surpreso ao ver do que é capaz.

Há pouco tempo, conversei com Leonard Kleinrock, professor de informática da UCLA. O Dr. Kleinrock criou os princípios básicos da comutação de pacotes, que é a tecnologia subjacente da Internet, quando estudava no MIT, dez anos *antes* do surgimento da Internet. Em 1999, o *Los Angeles Times* o incluiu na lista das cinqüenta pessoas que mais haviam influenciado os negócios no século XX. Eis um homem que sabe um bocado sobre metas mais ousadas. Ele me disse:

— Com toda a modéstia, já escreveram muita coisa sobre minhas conquistas e prêmios. Mas se você prestar atenção na parede onde estão pendurados todos os prêmios e diplomas emoldurados, verá que, bem no centro, está aquele que foi mais importante para mim, a fonte dos melhores conselhos que já recebi e segui. É meu diploma de escoteiro-mirim.

> Grandes expectativas são o segredo de tudo.
> — Sam Walton

DURANTE SUA INFÂNCIA em Manhattan, uma das coisas que o Dr. Kleinrock mais gostava de fazer era ser escoteiro.

— Eu dava duro para subir de grau — recorda. — Quando cheguei ao segundo nível mais alto, meu mestre, o Sr. Spinner, disse para mim: "Len, se você se esforçar bastante, acho que poderá se tornar o primeiro escoteiro desta tropa a chegar ao nível hierárquico mais alto." Era um verdadeiro desafio, que parecia estar fora do alcance de um menino criado em uma cidade grande, longe das florestas. Mas aceitei o desafio, pus na cabeça que conseguiria, preparei-me fisicamente para isso e, em 1951, tornei-me o primeiro escoteiro da tropa a atingir o grau mais alto.

> Não diminua suas expectativas para que correspondam ao seu desempenho. Melhore o seu desempenho para que corresponda às suas expectativas. Espere o melhor de si e faça o que for necessário para que essa meta se torne realidade.
>
> — Ralph Marston

Esse desafio foi importante para definir boa parte do caminho trilhado pelo Dr. Kleinrock em sua vida. Com isso, ele aprendeu que poderia definir para si mesmo metas que pareciam estar fora do seu alcance; se ele se esforçasse, conseguiria atingi-las. E uma meta leva a outra, pois uma vez que você supera a barreira que achava ser impossível, os outros obstáculos não parecem tão altos assim.

— E quando você descobre que é capaz, continua se esforçando para atingir mundos e coisas que jamais imaginaria que conseguiria realizar, e os conquista — disse o Dr. Kleinrock. — Basta você não desistir de algo que deseje muito.

Para refletir

Se quiser dar o melhor de si, defina grandes expectativas para sua carreira ou trabalho. Se conseguir atingi-las, se tornará mais confiante; se não conseguir, se tornará mais forte.

➤➤➤ **Dicas de como agir**

Como superar o medo da decepção

1. Pense em três ocasiões em sua vida profissional em que tenha tido grandes expectativas que não tenham se realizado.
2. Quanto tempo você demorou para se recuperar de cada uma delas?
3. O que você fez para se recuperar delas?
4. Qual seria a melhor coisa a fazer para superá-las?
5. Comprometa-se a fazer isso sempre que definir expectativas e estas não se realizarem.

Como definir metas ousadas

6. Faça a você mesmo a Pergunta da Impossibilidade, desenvolvida pelo consultor Dave Hibbard, da Profit Techniques de Irvine, Califórnia: pense em algo impossível de fazer e que, se fosse feito, levaria-o a apresentar uma grande melhoria em termos de resultados e faria com que você subisse rapidamente na sua carreira. Apresente uma resposta direta, ignorando os obstáculos mentais que você mesmo costuma colocar.
7. Qual seria a estratégia para tornar possível esse sonho impossível?
8. Qual o primeiro passo dessa estratégia?
9. Dê o primeiro passo. (E não deixe a peteca cair rendendo-se à tentação de tornar a meta mais fácil e limitada. Siga em frente, continue trabalhando duro.)

Capítulo 39

Pressupor que os outros o entendam

> O grande problema da comunicação é achar que ela se deu.
>
> — George Bernard Shaw

TOM ERA um cara criativo, cheio de idéias. Ele era gerente de comunicação da área de criação de uma empresa de médio porte, e havia sido promovido para supervisionar uma equipe de seis pessoas. Freqüentemente Tom convidava um dos membros da sua equipe para uma sessão de *brainstorming* com ele, e passava a responsabilidade pelo projeto àquela pessoa.

A equipe adorava Tom, e gostava das suas idéias — ou queria acreditar nisso. Mas os pensamentos de Tom fluíam muito rápido, e ele, assim como a maioria dos gerentes, tinha coisas demais para fazer. Era comum um membro da equipe entregar a ele algo que deveria ser um "trabalho completo". Mas Tom descobria que o funcionário havia seguido um caminho totalmente diferente daquele que achava que haviam discutido.

É claro que todos ficavam frustrados com isso. Principalmente Tom, que achava que havia delegado a tarefa claramente. Isso também obrigava Tom a perder tempo repassando aquilo que havia sido conversado anteriormente. Às vezes ele decidia fazer o trabalho por conta própria, ficando com menos tempo ainda.

Em determinado ponto, Tom se cansou e pediu para sair do cargo de gerência. Seu salário foi reduzido, mas ele ficou aliviado por ter tirado das costas a responsabilidade de dirigir outras pessoas. O fato de ele pressupor que seus subordinados o entendiam afetava a sua eficácia interpessoal. Ele se achava um bom comunicador, mas só se deu conta do problema depois de deixar o cargo.

Por que você pressupõe que as pessoas o entendem se isso não ocorre? Do ponto de vista neuroanatômico, o seu cérebro, assim como o de Tom, talvez não consiga diferenciar aquilo que está entrando do que está saindo. O seu sistema nervoso posterior (da parte posterior do seu cordão espinhal até seu córtex posterior) concentra-se em informações sensoriais. Isso quer dizer que ele recebe informações do mundo, inclusive aquilo que as pessoas dizem para você. O seu sistema nervoso anterior (da parte anterior do seu cordão espinhal até seus nervos cranianos e seu córtex frontal) concentra-se nas funções motoras. Isso quer dizer que ele capta as expressões que vêm de dentro para fora, ou seja, aquilo que você diz ou faz para o mundo.

Objetivamente, aquilo que vem de fora para dentro e que você pensa e aquilo que você diz para os outros vêm de regiões completamente diferentes do seu cérebro. Se algo for muito claro para você, talvez suponha que esteja comunicando aquilo claramente para outra pessoa, mas, na verdade, não está. As duas regiões do cérebro só se conectam quando você pergunta aos outros se entenderam o que você disse.

Quando eu trabalhava com vítimas de derrames, a questão da comunicação eficaz sempre vinha à tona. Os derrames mais comuns que afetam a área da linguagem resultam em danos cerebrais que produzem afasia, ou seja, a perda parcial ou total da habilidade de comunicar idéias verbalmente e compreender a linguagem falada ou escrita. O lado terrível da afasia é que os clientes entendem muito mais do que conseguem comunicar.

Na chamada afasia de Wernicke (afasia sensorial posterior), a parte posterior do córtex é danificada, fazendo com que os pacientes não entendam aquilo que ouvem. O córtex anterior (motor) não é afetado, portanto essas pessoas conseguem falar fluentemente; entretanto, por terem dificuldades para entender ou compreender a linguagem, sua fala faz pouco sentido.

Na afasia de Broca (afasia motora anterior), os pacientes entendem o que lhes é dito, pois seu córtex posterior (sensorial), que controla a compreensão, não é afetado. Entretanto, como seu córtex anterior foi afetado, elas têm dificuldades de expressar aquilo que entenderam.

Pessoas como Tom, que acham que estão sendo claras quando na verdade não estão, fazem-me lembrar de pacientes com afasia de Wernicke. Quando não são compreendidas pelos outros, essas pessoas não se dão conta disso. Elas simplesmente continuam a falar de maneira fluente de uma forma que não faz o menor sentido para aqueles que as estejam ouvindo. Felizmente para pessoas como Tom, a analogia apresentada aqui é apenas uma analogia. Ao contrário das vítimas de derrame, neurologicamente incapazes de entender, Tom precisa se concentrar em entender as pessoas com quem está se comunicando, de modo que ambos saibam que aquilo que foi dito foi entendido.

O problema de pressupor que as pessoas o entendam se agrava quando você tem autoridade sobre a pessoa com quem está falando. Talvez essa pessoa não se sinta à vontade para pedir explicações. Foi isso que causou problemas para Tom.

Ao darmos instruções para outras pessoas, raramente pedimos que repitam o que foi dito, bastando que balancem a cabeça de maneira vaga e digam "ã-hã". Vejam o que aconteceu no julgamento de O.J. Simpson, em que trabalhei como consultor da acusação (veja o capítulo "Usar jargão"). Ao fim do longo julgamento, o Juiz Ito deu instruções longas e detalhadas ao júri sem usar jargão. Ele dava algumas instruções e perguntava ao júri se havia entendido, e todos balançavam a cabeça afirmativamente. Conforme prosseguia, ficou claro para quase todos os presentes naquele tribunal que talvez o júri tivesse ouvido o que o Juiz estava dizendo, mas não estava entendendo.

A pergunta "Vocês entenderam?" não assegura que as pessoas de fato tenham entendido. Além disso, infantiliza a pessoa a quem você está se dirigindo. Não é de surpreender que as pessoas na verdade entendam tão pouco, apesar das aparências.

A comunicação interpessoal torna-se ainda mais complicada quando tentamos forçar a outra pessoa a nos entender, ou seja, quando insistimos em nos estender ou dar muitos exemplos daquilo que estamos tentando dizer. Quando isso ocorre, a outra pessoa, que talvez esteja te entendendo muito bem, fica impaciente. Conseqüentemente, pode ser que o seu ouvinte se ofenda e sua reação seja *não querer* entendê-lo por você ter se estendido demais no assunto.

> Muitas tentativas de comunicação se anulam quando falamos demais.
>
> — Robert Greenleaf

SE VOCÊ pressupõe que as pessoas o entendam quando na verdade isso não ocorre, felizmente você tem uma vantagem clara sobre as verdadeiras vítimas de derrames. Para solucionar o problema, basta pedir que a outra pessoa repita para você aquilo que entendeu. Talvez o Juiz Ito tivesse conseguido uma compreensão mais clara e visceral de suas instruções se tivesse perguntado o que o júri havia entendido daquilo que havia sido dito.

> Fazer as perguntas certas exige tanta habilidade quanto dar as respostas certas.
>
> — Robert Half

PARA REFLETIR
Não pressuponha que os outros o entendam, pergunte a eles o que entenderam.

➤➤➤ **Dicas de como agir**

1. Consulte seus ouvintes e diga que não tem certeza se foi claro. Pergunte-lhes o que entenderam daquilo que lhes foi dito. Pratique essa técnica com a sua família ou amigos íntimos até chegar à entonação correta; depois a use no trabalho.
2. Grave tudo o que disser sempre que possível. Você pode até gravar seus telefonemas. (As pessoas dizem que não gostam de fazer isso porque não gostam de ouvir a própria voz, mas a verdade é que não gostam da entonação.) Preste atenção para identificar momentos em que não esteja se comunicando claramente, em que esteja usando um tom de queixa ou falando de maneira pomposa demais, e assim por diante. Mais uma vez, considere pedir a ajuda de um parente ou amigo íntimo para que ouça suas gravações com você. Gravar e ouvir aquilo que você diz tem pontos positivos e negativos. O ruim é que você provavelmente *não* irá gostar daquilo que vai ouvir. O bom é que provavelmente conseguirá fazer com que os outros o entendam melhor.

Capítulo 40

Temer fracassos

> Por mais que você se esforce para ser bem-sucedido, se permitir que sua mente seja dominada pelo medo do fracasso, seus esforços serão anulados, seu empenho será em vão, e o sucesso se tornará impossível.
>
> — Baudouin

— **Meu pai trabalhava para** uma empresa que passou por uma grande reestruturação administrativa. Todos foram demitidos, menos o meu pai — contou Steven Sample aos futuros líderes que estavam participando do curso intitulado "A arte e a aventura da liderança", ministrado por ele e por seu colega, guru da área de liderança, Warren Bennis, na University of Southern California.

Sample é o reitor da universidade, e a instituição deve a ele não só a melhora do desempenho nos esportes, mas, acima de tudo, o fato de ter se tornado uma instituição educativa ainda mais respeitada, atualmente uma das universidades dos EUA que tem o processo de admissão mais seletivo.

— Meu pai disse para mim que o fato de *não* ter sido demitido foi a pior coisa que aconteceu em sua carreira — prosseguiu. — Aqueles que haviam sido dispensados daquela empresa, que estava passando por problemas administrativos, progrediram e prosperaram em seus novos empregos. Meu pai ficou preso. Aquilo prejudicou o seu crescimento profissional e diminuiu a sua satisfação com a carreira. Ele queria evitar que o mesmo ocorresse comigo.

Sample estava passando adiante os conselhos de seu pai sobre os aspectos positivos do fracasso.

> O fracasso raramente é algo que te impede de progredir; o que te impede de agir é o medo do fracasso.
>
> — Jack Lemmon

POR QUE as pessoas têm tanto medo do fracasso? Porque têm medo da rejeição? Da humilhação? Do golpe sobre a confiança e o ego? Ou simplesmente porque não agüentariam o impacto do fracasso?

A maior parte desses temores tem origem na maneira como seus pais lidavam com seus fracassos na infância (veja o capítulo "Autosabotagem: ação e reação", na introdução, e o anexo 1). Se você era *mimado, criticado* ou *ignorado* após cometer um erro, além de sofrer por conta dos danos causados pelo erro, você ainda sofria com aquele insulto. (Cedo ou tarde, até mesmo mimos tornam-se algo negativo, pois os próprios pais que mimaram você acabam jogando na sua cara que você é "mimado".) Por outro lado, se o reconfortam e orientam, como fazem pais, professores ou parentes que oferecem *apoio*, os erros e fracassos tornam-se lições a serem aprendidas, não feridas em sua psique.

Sample prosseguiu, contando como um grande fracasso em sua vida havia contribuído diretamente para o seu grande sucesso. Em 1990 ele se candidatou à reitoria da Ohio State University. Os membros do conselho da universidade disseram que ele era sem dúvida o favorito, e que provavelmente seria convidado para ocupar o cargo dentro de um ou dois dias. Sample achava que o emprego já estava garantido.

Após essa entrevista, que Sample acreditara ser uma mera formalidade, ele pegou um jato particular e saiu de Columbus, em Ohio, para passar férias com a família. No dia seguinte, recebeu uma mensagem informando que os conselheiros haviam mudado de idéia, e que outra pessoa havia sido convidada para ocupar o cargo.

Segundo Sample, na época talvez ele tenha considerado isso um fracasso, mas se tivesse se tornado reitor da Ohio State, jamais teria se tornado reitor da USC (o que ocorreu em 1991), e nunca teria tido a oportunidade de liderar uma das maiores viradas em termos de excelência acadêmica da história do ensino superior dos Estados Unidos.

> Para vencer, dobre a sua taxa de fracassos.
> — Thomas Watson

> **PARA REFLETIR**
> Não é o medo de fracassar que o impede de agir, mas o medo de não saber lidar com a sua reação se isso ocorrer.

➤➤➤ Dicas de como agir

1. Ao se deparar com algo que você tenha medo de fazer, pergunte-se: qual a pior coisa que poderia acontecer se eu fracassasse? Em seguida, pergunte-se qual a pior coisa que poderia acontecer se você nem tentasse? Por experiência própria, verá que as pessoas lamentam mais aquilo que não fizeram do que aquilo que fizeram.
2. Da próxima vez que fracassar, diga a si mesmo, quantas vezes forem necessárias, para deixar o tempo passar e não fazer nada que piore a situação. Isso evitará que você adote alguma conduta autodestrutiva que torne, ainda por cima, **a situação embaraçosa e impeça que você aprenda as lições que um contratempo poderia lhe ensinar.**

3. Resista à tentação de culpar terceiros, de se penitenciar ou de inventar desculpas.
4. Recorra a pessoas que lhe dêem apoio e pergunte a elas se já fizeram algo tão idiota a ponto de terem tido dificuldades de admitir seus atos ou se já descobriram alguma vez que algo que consideravam mais do que certo havia acabado dando mais do que errado. E prepare-se para uma manifestação de compaixão e, muitas vezes, a criação de laços ainda mais fortes com essas pessoas.

Epílogo

Sucesso na vida e no trabalho

> É fácil ganhar a vida. É bem mais difícil fazer a diferença.
>
> — Tom Brokaw

O OBJETIVO DESTE LIVRO É ajudá-lo a não tropeçar nas próprias pernas para que você tenha uma carreira mais bem-sucedida. Embora fracassar na vida profissional traga infelicidade, o sucesso não garante a felicidade. Considerando que estudei para curar, seria negligente da minha parte escrever um livro que o ajudasse a vencer na carreira sem ajudá-lo também a vencer na vida.

Há sete anos, fiz um atendimento domiciliar para tratar de um ícone muitíssimo bem-sucedido e rico da indústria do entretenimento que estava morrendo por insuficiência hepática. Jeff havia abusado das bebidas de maneira aparentemente impune ao longo de praticamente todos os seus 63 anos de vida, mas sua conduta finalmente o pegara. Ele escolheu morrer em casa, e estava se fechando dentro de si mesmo. Segundo os médicos, na época em que entrou em contato comigo, tinha apenas mais um mês de vida.

Sua aparência estava horrível, e eu lhe disse isso.

— Não acredito que você esteja com essa aparência horrível só porque está morrendo — eu disse sem meias-palavras. — Você está morrendo desde que o conheci.

Acho que Jeff gostou da minha sinceridade, pois na luta contra um inimigo tão ousado quanto a cirrose a última coisa que ele poderia querer por perto eram pessoas excessivamente tímidas ou, pior ainda, puxa-sacos.

Ele me olhou por um tempo. Depois olhou para o chão. Após um período de silêncio, disse:

— Eu acho que nunca fiz nada de significativo na minha vida.

— Você está louco! — respondi. — Você foi o criador de uma indústria. Você gerou milhares de empregos. Levou o entretenimento para milhões de pessoas. Ganhou um monte de prêmios. E não conheço ninguém que tenha conquistado tanto.

— Ah, não diga besteira — Jeff disse secamente. — Eu não quero escutar isso. Não tente enganar um trapaceiro, principalmente em seu leito de morte.

Ele ficou em silêncio por um tempo.

— Eu tenho toda a devoção que o dinheiro pode comprar. Tenho uma mansão em Bervely Hills, um château no sul da França e uma casa em Lake Tahoe. Tenho milhões em bens. Também tenho duas ex-mulheres. Meus filhos são fracassados neuróticos que não têm opinião própria porque eu só me preocupava em estar sempre certo. Depois de pensar por cima de quantas pessoas passei em minha vida, percebi que havia vencido todas as batalhas, mas perdido a guerra no sentido de viver uma vida que valha a pena.

Era como se o Cidadão Kane finalmente tivesse confessado. Admirei sua coragem ao admitir que havia causado um grande estrago em sua vida pessoal, embora fosse algo muito triste de reconhecer.

Jeff morreu quatro anos antes do terror de 11 de setembro de 2001. Depois desse dia fatídico, meus colegas começaram a observar um aumento significativo no número de pacientes deprimidos e ansiosos que se perguntavam, assim como Jeff, o que haviam feito de bom em suas vidas. Em todo o país, pessoas de todas as camadas sociais começaram a buscar sentido para suas vidas, passando mais tempo com suas famílias, indo mais à igreja e à sinagoga, e procurando identificar uma missão em suas vidas profissionais.

A tragédia teve ainda outro efeito, igual e oposto. O presidente George Bush orientou os norte-americanos a continuarem levando suas vidas normalmente, tirando férias e fazendo compras. Com o aumento contínuo dos preços dos imóveis, muitas pessoas usaram seus imóveis como garantia para empréstimos e tomaram um segundo empréstimo sobre as hipotecas de suas residências. Era como se todos tivessem recebido o diagnóstico de uma doença terminal e tivessem apenas mais um mês de vida. Decidiram que seria melhor sair por aí gastando mais nos cartões de crédito antes que chegasse o fim.

É claro que a disparidade entre a fome espiritual e o consumismo desenfreado se revelou em meu consultório. Comecei a ver cada vez mais pessoas ricas e bem-sucedidas, máquinas de conquistas financeiras, que não conseguiam conquistar satisfação nem felicidade.

Em seu bombardeio sem fim, as propagandas nos dizem que quanto mais dinheiro tivermos e gastarmos, mais felizes seremos. Jeff caiu feito um patinho na onda dessa filosofia. A velha máxima de não se deixar ficar para trás foi mantida bem viva por ele e pela maioria dos norte-americanos. Enquanto gastávamos nosso dinheiro, preocupados em termos tudo o que os outros tinham, comprando BMWs, jóias e grandes churrasqueiras, precisávamos trabalhar ainda mais para pagar nossas dívidas cada vez mais altas. Como Jeff descobriu, ter todos os brinquedos do mundo não significa necessariamente que, no fim das contas, você seja o vencedor.

Você não precisa estar à beira da morte (como Jeff) ou ter acabado de escapar de um ataque terrorista para saber que, na vida, o que mais importa nada tem a ver com posses.

> Qual o sentido da vida? Enriquecer? Todas essas pessoas que estão enriquecendo por aí talvez estejam apenas dançando em volta do verdadeiro sentido da vida.
> — Paul A. Volcker

HÁ ALGUNS ANOS, o famoso mestre dos efeitos especiais Stan Winston contou-me o que fazia a sua vida valer a pena. Eu estava participando da reunião do conselho de uma organização de caridade, Free Arts for Abused Children, que estava sendo realizada no fabuloso estúdio de Stan em Van Nuys, na Califórnia. (Stan era o maior doador da entidade. Ele havia doado algumas de suas criações, como a cabeça de Arnold Schwarzenegger usada em *O exterminador do futuro* e o modelo do velociraptor de *Jurassic Park*, para leilões de preço selado realizados nos eventos da fundação.)

Os membros do conselho estavam sentados em torno de uma mesa central, e o presidente do conselho disse:

— Vamos todos agradecer a Stan Winston, que há anos vem sendo o nosso anjo.

Stan estava sentado num canto. Depois dos aplausos em agradecimento, Stan corou e disse:

— Não, não, vocês estão trocando as bolas. Esta instituição de caridade é o *meu* anjo. Fui abençoado por ter conseguido uma carreira em que ganho muito bem fazendo algo que amo fazer, mas não sei bem qual poderia ser a minha utilidade para o mundo por meio do entretenimento. Esta instituição me ajuda a saber que *estou* tornando o mundo um lugar melhor para se viver. *Vocês* são meus anjos e minha consciência. Eu é que tenho que agradecer a vocês.

Só vale a pena viver a vida se ela for dedicada aos outros.
— Albert Einstein

> **PARA REFLETIR**
> Riqueza é aquilo que o mundo lhe dá; valor é aquilo que você dá em troca.

➤➤➤ Dicas de como agir

1. Faça uma lista de coisas importantes que você precisava fazer imediatamente depois de 11 de setembro. Faça outra lista de coisas que você não tenha considerado importantes.
2. Pergunte a um "padrinho" (seu cônjuge, um amigo íntimo, um parente ou alguém por quem você tenha um grande respeito) o que descobriu depois de 11 de setembro, e anote o que essa pessoa disser.
3. Pense antes de fazer compras. Da próxima vez que pensar em gastar cem dólares em algo de que não precisa, doe esse dinheiro para uma instituição de caridade.
4. Diga a seus padrinhos que gostaria que lembrassem você de seus objetivos e, em troca, você também os lembrará dos seus, para que todos ajam de maneira consistente, reforçando as metas humanitárias de suas vidas.
5. Combinem de se reunir periodicamente para verificar se ambos estão fazendo aquilo a que se propuseram.
6. Todos os dias, diga obrigado a alguém — talvez a um manobrista, caixa de supermercado ou uma pessoa que esteja lhe oferecendo suporte técnico por telefone. Tente ver o ser humano por trás do serviço que está sendo prestado. A pessoa sentirá uma sensação boa... E *você* sentirá uma sensação boa.

Anexo 1

Como surge a conduta de auto-sabotagem

DOIS PASSOS PARA A FRENTE, UM PARA TRÁS

Nascer ➤➤ Respirar pela primeira vez
 Acordar ➤➤ Dormir a noite toda
  Engatinhar ➤➤ Dar o primeiro passo
   Ficar em casa ➤➤ Ir pela primeira vez à escola
    Educação infantil ➤➤ Ensino fundamental
     Ensino fundamental ➤➤ Ensino médio
      Ensino médio ➤➤ Faculdade
       Faculdade ➤➤ Carreira, casamento
        Vida ➤➤ Morte

| Lar, doce lar | ANSIEDADE DA SEPARAÇÃO | RAPPROCHEMENT ← —————— PRÁTICA —————— → | ANSIEDADE DA INDIVIDUAÇÃO | Você pode fazer o que quiser da sua vida |

© 2005 Mark Goulston, M.D.

Anexo 2

Como se desenvolve a conduta de auto-sabotagem

DOIS PASSOS PARA A FRENTE, TRÊS PARA TRÁS

	DESAFIO DA INFÂNCIA		
	PRIMEIRO PASSO PARA A FRENTE (= SUPERBEBÊ)		
	SEGUNDO PASSO PARA A FRENTE SEGUIDO DE QUEDA (= BEBÊ SEM PODERES)		
	RAPPROCHEMENT (= OLHAR PARA TRÁS)		
	REAÇÃO DOS PAIS		
Mimar	Criticar	Ignorar	Dar apoio
	SUA REAÇÃO		
Dar chiliques	Ficar magoado/aborrecido	Ter medo	Criar confiança
	SUA MANEIRA DE PENSAR NA ADOLESCÊNCIA		
("Faça para mim")	("Você vai ver só!")	("Nunca vai dar certo")	("Eu sou capaz")
	SUA POSTURA NA ADOLESCÊNCIA		
Mimado	Hostil	Derrotista	Motivado
	OBSTÁCULOS NA VIDA ADULTA		
	SUA REAÇÃO NA IDADE ADULTA		
CONDUTA AUTODESTRUTIVA		*CONDUTA BEM-SUCEDIDA*	
Compulsões	Reprovação	Fuga	Determinação
	SUA VIDA ADULTA		
Perdida	Amarga	Vazia	Feliz
	SUA VIDA		
JOGADA FORA			COMPLETA

Anexo 3

Doze dicas para não se sabotar no trabalho

1. Leia o sumário e faça uma lista das condutas autodestrutivas com as quais mais se identifica.

2. Acrescente à lista outras condutas que talvez se apliquem ou que não estejam no livro.

3. Peça que amigos, parentes ou colegas em quem confie (seus "depositários") leiam o sumário e identifiquem condutas autodestrutivas que considerem que atrapalham você.

4. Peça-lhes para incluir condutas que não estejam no livro.

5. Dê uma nota de 1 a 3 para definir com que freqüência você cai nessas condutas (1 = raramente; 2 = algumas vezes; 3 = freqüentemente).

6. Peça a seus depositários que dêem uma nota para definir com que freqüência acham que você cai nessas condutas, conforme descrito na etapa 5.

7. Depois de reunir as respostas, ordene as condutas autodestrutivas em ordem de importância. (Dica: a mais importante é a conduta que faz com que os outros percam a confiança ou o respeito por você e, portanto, aquela que fará com que você recupere essa confiança e esse respeito mais rapidamente se for corrigida.)

8. Selecione as duas ou três principais condutas autodestrutivas que deseje superar e leia os capítulos correspondentes deste livro.

9. Ao longo do processo, pergunte aos depositários se pode entrar em contato com eles uma vez por mês para verificar quais as mudanças referentes à sua conduta observadas por eles.

10. Seja perseverante. Não se esqueça: é necessário um mês para que uma mudança no comportamento se torne um hábito, e entre seis meses e um ano para que um hábito passe a fazer parte da sua personalidade.

11. Após superar as duas primeiras condutas autodestrutivas, repita as etapas de 1 a 9.

12. Depois de pôr em prática a abordagem acima e ver que ela funciona (ou seja, depois do seu sucesso), você estará em condições de ensiná-la e ajudar a sua equipe a não tropeçar nas próprias pernas.

Anexo 4

Formulário de compromissos entre você e terceiros

Esta ferramenta é útil em avaliações de desempenho. Ela também ajuda a tornar o processo menos estressante, pois auxilia na definição de expectativas realistas e explícitas para seus funcionários. Você pode usá-la para discutir suas observações e pedir que o funcionário apresente o seu ponto de vista. Por intermédio do formulário, você também encontrará um caminho lógico para identificar características que precisem ser aperfeiçoadas.

FORMULÁRIO DE COMPROMISSOS ENTRE VOCÊ E TERCEIROS

	O que você pode fazer por mim	*O que você não pode fazer por mim*	*O que eu posso fazer por você*	*O que eu não posso fazer por você*
COMPETÊNCIA	Fazer seu trabalho sem cometer erros graves	Acertar absolutamente todos os detalhes	Tolerar um problema contanto que não afete de maneira adversa o resultado final e/ou o trabalho de outras pessoas	Tolerar um problema que afete de maneira adversa o resultado final ou o trabalho de outras pessoas
RESPONSABILIDADE				

	O que você pode fazer por mim	O que você não pode fazer por mim	O que eu posso fazer por você	O que eu não posso fazer por você
INICIATIVA AUTOCONFIANÇA				
TRABALHO EM EQUIPE				
INTEGRIDADE				
ATITUDE				
LEALDADE				

Este livro foi composto na tipologia Sabon,
em corpo 10.5/14, e impresso em papel off white 80g/m²
no Sistema Cameron da Divisão Gráfica da Distribuidora Record.